吃透小红书文案

从模仿、创新到超越

梁小小 著

人民邮电出版社
北京

图书在版编目（CIP）数据

吃透小红书文案：从模仿、创新到超越 / 梁小小著. -- 北京：人民邮电出版社，2023.4
ISBN 978-7-115-61280-9

Ⅰ．①吃… Ⅱ．①梁… Ⅲ．①网络营销－广告文案－写作 Ⅳ．①F713.365.2

中国国家版本馆CIP数据核字(2023)第056083号

内 容 提 要

高水平的文案写作是做好小红书运营和内容分享的关键所在，很多人却苦于写不出好文案而无法产生好的运营效果和高质量的内容。为此，本书作者提供了一套提升小红书博主文案写作能力的系统方法。

本书研究了小红书平台、博主、文案写作3个方面，从选题、内容、个人情感、IP打造、行文方法上做出了最细致、最实用的讲解，并且提供了非常详细的文案写作技巧，让每一位读者都能收获文案写作、文笔提升、个人成长的干货。可以说，本书讲透了小红书文案写作的核心，能够帮助读者提升文案写作能力，实现对爆款文案的模仿、创新与超越。

本书适合想提升文案写作能力的小红书博主及内容创作者阅读，也可以作为培训机构学员、新媒体从业者的参考用书。

◆ 著　　梁小小
责任编辑　张国才
责任印制　彭志环

◆ 人民邮电出版社出版发行　　北京市丰台区成寿寺路 11 号
邮编 100164　电子邮件 315@ptpress.com.cn
网址 https://www.ptpress.com.cn
大厂回族自治县聚鑫印刷有限责任公司印刷

◆ 开本：880×1230　1/32
印张：7.75　　　　　　　　　　　2023 年 4 月第 1 版
字数：150 千字　　　　　　　　　2025 年 11 月河北第 13 次印刷

定　价：59.80 元

读者服务热线：（010）81055656　印装质量热线：（010）81055316
反盗版热线：（010）81055315

现在备受关注的流量经济、种草经济是普通人全新的机遇和挑战，只要你敢于破圈、积极尝试，就能快速走入新媒体的聚光灯下，做出好成绩。梁小小就是如此。在与她的交往过程中，我发现她在写作上善于总结独创的技巧和经验。她的这本书剖析了爆款文案的底层逻辑，详细拆解了文案写作从模仿、创新到超越的一套方法，可谓干货满满，是小红书博主提升写作能力的必备指南。

——**李林军** 政协四川省委员、成都市青年联合会常委、
成都市新兴领域青年联谊会会长

据我所知，梁小小从事新媒体文案写作和小红书运营非常勤奋，也取得了不错的成绩。她通过独一无二的视角频频写出

爆款内容，证明自己的经验和技巧是值得推广的。本书就是她的经验和技巧总结，其中分析了大量的案例，内容丰富且优质。特别是她结合自己多年的经验梳理归纳的小红书笔记写作技巧非常宝贵，一定能让你受益良多。

——**王春华**　高校副教授

梁小小给我的感觉是一位真诚、用心、踏实的写作者，她在这本书里分享了落地的干货、实用的技巧及丰富的案例，能帮助小红书博主提升文案写作能力。

——**厦九九**　畅销书《5 小时吃透小红书》作者、百万粉丝自媒体实战导师、个人 IP 商业顾问

短视频是新媒体时代打造个人及企业 IP 非常重要的营销工具，想要播放率高，文案是非常重要的，它决定了观众是否愿意看完视频。只有文案出彩，短视频才更有吸引力。梁小小曾经帮助过很多学员提升文案写作水平，对于想写好文案的读者，我推荐阅读这本书。

——**陈东炜**　演说家、品牌营销专家

梁小小在这本书中讲解了 5 个提升文笔的技巧，包括巧用古诗词、写金句、白描手法写细节、妙用色彩、巧用修辞，我觉得这是新手写作者快速提升写作能力的好方法。为了帮助读者理解，她还运用案例做出了详细的解析。可以说，本书提供

的方法很有独创性，全是翔实的干货，值得你阅读。

——**李娜** 青年作家、公众号"娜姐的光影笔记"主理人

普通人想要做好小红书，离不开写作和运营能力。梁小小在小红书深耕半年就获得了 7 万多粉丝，我相信她总结的经验值得借鉴。她的这本书专门针对小红书上职场、美妆、母婴、学习、营销等门类笔记的写作技巧做了细致的拆解，总结了非常实用的方法，可以给运营小红书的人带去很多帮助。

——**刘小桃** 《女友》杂志新媒体编辑

本书运用了大量的案例分析，对小红书文案的写作方法阐述得比较透彻，值得小红书新手博主和写作爱好者反复研读。

——**庄俊** 小红书品牌战略研究者、公众号"庄俊"主理人

我和梁小小老师认识是因为她曾帮我写过一篇宣传文案。说实话，当时我看见文案的第一感觉就是写得太好了，文笔很美。果然，她写的这本书再次让我眼前一亮。书中不仅深度拆解了小红书爆款文案的秘密，还分享了非常多的实用案例，以及她个人独创的写作技巧。我相信这本书对任何想写好小红书文案的人都有帮助，所以强烈推荐大家阅读。

——**颜廷吉** 365IT 学院创始人

我和梁小小老师认识于写作营，她会根据学员的写作特征

和难题给出有针对性的建议，手把手教会学员写作；她贴心服务了 3 000 多名学员，在她的指导下，学员的写作水平都有了质的飞跃。我相信，她的这本书可以让对文案写作感兴趣的读者学会写作，并能写出高质量的文案。

——**摇摇** 阿里巴巴前内容策划负责人

我和梁小小认识很久了，她是非常负责任的老师，帮助很多人学会了写作并写出爆款文案。她懂得因材施教，总结的技巧很实用。她的这本书不仅能让读者学会小红书文案写作，也能很好地提升写作能力。

——**虢雪** "读者"新媒体内容执行主编

在众多写作者中，有一个群体是以新媒体平台为创作阵地的，他们不断创新写作的边界，从而带给读者更加多元的阅读体验。这样的写作者在今天被称为"新媒体作家"。

从接触网络至今，我也有了超过 20 年的网络创作历程。但要说网络的变化，不管是最初的论坛、博客，还是如今的微博、微信及各种 App，不变的依然是内容为王与写作者持续的更新能力，变化的只是不同的平台和表达方式。这就像作家眼里的作品与新媒体写作者眼里的文案，看似不搭界，却有着异曲同工之处。或者说，在新媒体时代，两者有着许多相似性。

如果用一个字形容今天的创作，"新"是新媒体时代的核心内容。就像梁小小在这本书中谈到的，在小红书的语境中，文案的故事力有 4 个要素：新场景、新感觉、新认知、新转折。

这种"新"不是各种让人眼花缭乱的招数，而是有过人的功力。我理解，所谓的功力即要求写作者有敏锐的观察视角，从不同的选题中找出作品的新颖度，从而让作品在海量的信息中具有一定的辨识度。

梁小小在新媒体作家中具有代表性。我最早听到她的故事是她在不同的平台上推出过许多爆款作品，这就让人刮目相看。我也曾阅读过她创作的内容，颇为感兴趣的是文章中没有讲述高深的理论，而是以不同的案例讲述故事，并谋求在讲述中与读者达成共情，再加上与读者的互动，让新媒体变得可亲可近。

说起新媒体，可能不少人有误解，但我相信优质的新媒体应该是既能在热点中有流量，也能有品质和内涵。作为新媒体从业者，我深知要做到这一点并非易事，但只要持续学习，从不同的作品中发现创作规律，再灵活运用到自己的创作中，也许会收到不一样的效果。

诚然，新媒体写作不应该是一种自斟自饮的表达，而是有着更贴近读者的叙述方式，这种写法在今天越来越普遍。此外就是在某一个擅长的领域持续耕耘，因为这能提升粉丝的黏性，带来更多流量。梁小小就是如此，她在新媒体写作方面有丰富的实战经验、敏锐的发现力。而且，她结合自己极强的归纳能力，独创了非常多好用、实用的写作技巧，就是这本《吃透小红书文案：从模仿、创新到超越》。

2022 年，我注册了小红书，仔细研究了小红书的种种细节，我发现自己还有许多认知的误区。确如本书所言，大量的新手博主来做小红书，但面对流量时好时坏的现实却不知道该怎么办。在本书中，作者通过大量的实践、反思，对流量的走向归纳了一个简明的公式：

爆款笔记＝账号权重 × 笔记权重 × 时机运气

笔记权重＝（内容质量＋封面标题＋话题方向＋关键词）
　　　　　× 互动率

互动率＝（点赞＋收藏＋评论）/ 观看量

通过这样的公式，博主能清晰地判断该从哪个方面努力提升，就能明确掌握一篇笔记的创作技巧。同时，作者还提出了提升笔记互动率的"三感一力"：价值感、参与感、获得感、共情力，以及作者以自己的笔记为例进行了细致的拆解、说明。

作者不仅总结了经验，而且把创作经验公之于众，让更多写作者享受新媒体时代的红利，这也是让人称赞的事情。

今天，新媒体写作是见仁见智的话题，但如何才能推出爆款作品，无疑是值得探讨的。当阅读群体从纸质阅读向电子阅读转型之时，写作者也应当提供更优质、有阅读品位的作品，这也是新媒体的应有之义。

在武侠小说中，武林高手并不是一天练成的，而是日积月累、不断突破自我。新媒体时代的写作同样如此从无到有，创作无止境。

阅读这本书时，我时常将自己的创作经验与之对照，发现以下经验总结非常打动我。

例如，作者对爆款笔记进行了高度概括，总结了6种思维范式。其中"好奇心思维""捆绑思维""懂你思维"等概念很准确，对写作实践很有帮助。作者还提出博主要学会建立"用户思维""读者思维""消费者思维"，我觉得这些观点都很新颖。

例如，作者考虑到很多人不善于建立IP人设，就贴心地给出了3个小技巧：痛定思痛、自我拆台、优上加优。利用这些方法，博主就能巧妙地将个人劣势变成一种特质。

例如，作者提出一篇爆款文案在不同群体眼里会呈现出不同的样子，并做了一个文案吸引力评估表。该表对文案吸引力这种模糊的概念进行准确的归类，总结为8个要素，并且将读者、用户、消费者眼里对各项要素的不同理解而设定相应的分值，这样就能准确、精细地找到一篇爆款文案的核心。如此一来，博主就可以更快掌握爆款文案的写作诀窍，做到有的放矢、有效把控，通过强化练习实现写出爆款文案的目的。

简而言之，写作者要拿什么样的内容吸引今天的读者阅读，不仅是精彩的理论，还需要有极易落地的写作技巧，有丰富的案例实操。又如作品的共情力，在今天也是被作家、编剧等普遍接受的创作方法，更是被读者、观众所接受。这是写作者与读者之间达成的"默契"。又如作者提出的通过5个步骤实现文案写作的模仿、创新与超越，其中的案例拆解和技巧总结让我大开眼界。

新媒体要想持续推出爆款文案并非易事。因此，我们需要与本书相结合，不断磨练自己，提升创作能力，尝试运用不同的表达方式创作，从而在网络时代找到更符合自己的话语表达。那么，创作出爆款文案也就有可能是简单的事。

朱晓剑

中国作家协会会员、成都文学院签约作家

2023 年 2 月 6 日

如果要给小红书贴一个标签，你会用哪个词？现在各大知名媒体和 App 在大众心目中几乎都有一个标签，例如，知乎是高质量的原创问答社区，百度是人们常用的网络百科全书，微信是"朋友连接器"。

小红书官方给自己的定义是"真实、向上、多元的生活方式平台"。但我认为好用、真实、有效只是表面特征，其实小红书是"自媒体后花园"，它还具有安全、私密、可靠、亲近、友爱的特性。

安全是指你在小红书上发一篇笔记，如果没有相应的需求自动匹配，小红书不会主动把内容推荐给通信录上的熟人。

关于私密，我相信用过小红书的人都觉得，独特的分享方式吸引人们愿意在这里发布一些比较私密的内容。因为相对其他平台自带的公开和宣传属性，小红书不那么大张旗鼓。

关于可靠和友爱，小红书的信息大部分都是博主的经验之谈，虽然不一定正确，但必然是可靠和友好的。

亲近是指因为笔记内容、参与度、获得感的多层叠加，让小红书在众多 App 中显得与用户比较亲近。

相比抖音的热闹、今日头条的大杂烩，小红书更能深深吸引你，让你再也离不开。这里有平日看着高大上的明星发的生活照片，他们有趣轻松的一面让你只能在这里一览真容，远比微博里那些官方宣传来得可爱。这里也有接地气的名家大咖偶尔发的碎碎念，多少都能带给你一点意外的惊喜和愉悦。

之所以将小红书定义为"自媒体后花园"，徐志摩的一句诗是很好的说明："门前竹影疏，后圃树荫棉。"当大部分人都忙着经营自己的前门、努力在公众号上谋求发展时，你不如独自在小红书里耕耘，做个博主。只要你用心分享，有独到、真诚的见解，很快就能绿树成荫、硕果累累。

2022 年 4 月，我从零开始做小红书博主，仅仅依靠分享文案写作的笔记，短短 3 个月就获得了 5 万粉丝。这还只是纯图文、在没有拍视频被小红书官方流量扶持的情况下做出的成绩。因此，当别人都在自媒体的红海中短兵相接时，我们何不另辟蹊径呢？

老牌名校罗格斯大学的一项研究表明：在社交网站上，最吸引用户注意力的往往不是干货知识类信息，分享这一类资源的用户只占 20%，其他 80% 的人更喜欢分享一些与个人生活、情绪、情感高度关联的内容。因为这样的内容不仅能让发布者本人的情感得以表达，也能极大地吸引同类。这就很好地解释了为什么小红书具有独特的生态系统，在众多 App 中自成一派，既能"种草"、连接资源，还能打造一个圈子，对新人也特别友好。这些条件组合起来，可谓自媒体时代普通人的"自留地"。

那么，要耕种好这块"自留地"，文案写作的重要性不言而喻。因此，很多人开始模仿爆款文案，从选题、封面、排版甚至内容上都堪称"双胞胎"，其结果是不管模仿得有多像爆款文案，但阅读量和点赞量与真正的爆款文案相差甚远。最后，这种复制爆款文案的方法尝试几次都宣告失败以后，跟风者再也不想更新。其实，盲目追求别人的爆款文案，本质上就是错误的。爆款文案看似相同，实则背后藏着自己的逻辑和多种原因。

乔布斯说过一句话："你的时间有限，最好别把它浪费在模仿别人这件事上。"要写好文案，博主就要从根本上摒弃复制爆款文案的想法，建立自己的感官系统、思想意识、个性魅力。

著名文案人李欣频提倡，"任何人都要培养自己独一无二的文字气场，包括观点、语气和腔调。让别人看到这些话，不必看名字就知道是你写的，从文字里就能听见你呼吸的声音，于是你的文字表达风格就形成了"。可以这样说，每一个人身上都潜藏着文字的隐形按钮，或简单质朴，或平易亲和，或俏皮有趣。但在大多数时候，这种文字的表达力被遮盖了，很多人每当需要写文字时就经常这样安慰自己："写作这件事太难，我不是这块料。"诚然，我们不否认写作有一定的难度，但真实情况是你低估了自己的内在潜能。文字早已在日常生活、学习成长的过程中深入每一个人的骨子里，我们只需用一定的技巧，就能将这些细胞唤醒、激活。

我曾经辅导过上千名学员，很多人没看过几本文学书，依然有非常强烈的、想用文字表达的愿望。而自媒体时代，你只需要通过学习，经过一段时间的强化训练就能够合理流畅地表达自己的思想。

我记得有一名学员，她在初学写作时写的文章语序混乱、言之无物。在指导她时，我也没有抱太多期望。但最难得的是她自己从来不放弃，不管文字被批注了多少错误，她总能大大方方地把修改的东西交过来，哪怕这次修改和上一次没什么差别。就是经过这样一点点地修改打磨、不断调整，一段时间以后，她真的写出来不错的文章并发表在大平台。

法国作家波德莱尔说过："我的一生都在学习如何构建句子。"意思是说，写作本身就是一段由浅入深、循序渐进的斜坡路，只要你有勇气踏上去，坚持勤奋耕耘、捡花拾草，总有一天能有所收获。

小红书文案写作离不开这几个步骤：学习、实践、修正、内化、养成。这样一步步走过来，即使不会写作的人，至少也能锻炼出属于自己的文案写作方法。有理论、有实操地共同打磨，假以时日，小白也能变成文案高手。而这正是我写作本书的初衷，帮助各位读者提升小红书文案写作能力，成为小红书上的文案高手、优秀博主。

第 1 章

深度解码小红书爆款文案的秘密

"泡面盖 Kindle，面更香"，与这句话搭配的画面是一桶方便面上盖着新款的 Kindle 电子阅读器。这条文案发布在天猫的首页时，瞬间就钻进了读者的心里，牢牢抓住了他们的注意力。

《粘住》一书的作者奇普·希思（Chip Heath）说："有时尽管我们尽了很大的努力，也无法阻止有些东西粘在我们的脑子里。"这句话恰好能解释自媒体时代爆款文案的传播机制，当我们看完一篇刷屏级的爆款文案后，其中至少有一句话或一个观点会给我们留下深刻的印象。

因此，我们不难看出爆款文案就像糖，有黏性、有甜蜜素、有形状、有气味。在传播过程中，这些东西凝聚在一起，用糖的甜蜜和美丽色彩紧紧地锁住读者的思维和目光，给予其强烈的冲击和震撼。

因此，文案写作者的首要任务就是分解、量化这些"花花绿绿的糖"，剔除包装，细致探究传播背后的逻辑思维、认知情感。最简单的办法就是找到爆款文案的相似性、差异性，通过比较得出传播的逻辑和框架。在这些框架里，我们再进行细致的定位，向每一个小格子填充自己的东西。

更进一步的操作是发现爆款文案背后的核心思维，用理性的、专业化的工具开展分析研究，从而形成一套爆款文案基础理论，奠定自己的写作内核。最后一步是把我们的认知和经验写成文字，上传到平台。在那个时刻，爆款文案就这样诞生了！

要想得到以上结果，我们先在本章学习如何拆解爆款思维，进行思维训练，然后用相应的步骤实现从模仿到创新、再到超越的文案写作。

有研究表明，小红书的定位是"社交＋电商"，这就注定博主的变现必然要经历吸引读者、增长粉丝、引导其购买产品或内容付费这样一个过程，如图 1-1 所示。

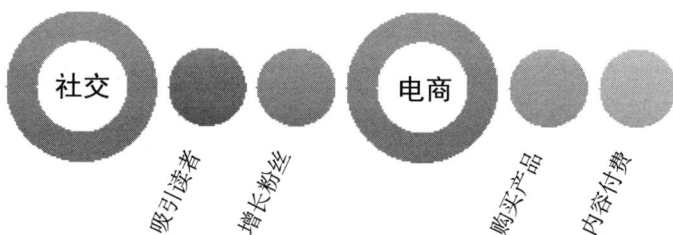

图 1-1　小红书的 2 个重要属性

其间，博主可以化身多种身份，时而是读者，时而是粉丝，时而又是消费者，并通过身份之间的无缝切换，通过实践与总结找到自己的创作技巧。

1.1 用户思维、读者思维、消费者思维的分离与聚合

1996 年，26 岁的雷军第一次当店员，销售一款电脑软件，这是他和团队用时几年开发出来的。他本以为应该很轻松就能卖出去，毕竟没有谁比他更懂这个产品。但万万没想到，前三天，雷军一件产品都没卖出去，销量为零，他彻底懵了。第四天，雷军什么也不做，只跟在店里最好的销售员后面转。这名销冠见到客户的第一时间先问需求，再把产品宣传页拿出来介绍重点。而雷军是见到客户就像看见亲人一样，立马迎上去说个没完。

这名销冠告诉雷军："我们做销售的目的，不是为了跟客户把道理讲明白，关键是要让客户能够很舒服地接受。"这一刻，雷军才明白要改变自己的销售思维。第五天，他边琢磨边改进，到中午成功卖出了第一套软件。七天以后，雷军成了这家店的销冠。

看完这个故事，你的第一个想法是什么？其实，雷军销售过程的改变恰恰体现了思维过程的转变。最初，他是开发者。做销售时，他是商家思维，只想着怎样卖出产品。在成交过程中，他站在消费者的角度帮对方挑选东西，把这款软件的亮点摆出来，这才实现了销售。

学会这种思维过程的分离与聚合，能帮助你真正体会到不

同群体的需要，进而把自己的产品与对方的需要相连接，促成合作。在文案写作中更是如此，文字千变万化，怎样写到别人的心坎里是一门技术活。当你建立了多种思维模式，懂得思维的分离与聚合，在恰当的时候，你就可以体会和感知不同群体之间的微小差异，收获新鲜的创意。

1.1.1 挖掘爆款文案背后的思维范式

要想有敏锐、深刻的文字感官系统，我们要同时拥有用户思维、读者思维、消费者思维，还要懂得适时转换与融合。

用户思维能敏锐捕捉到需求；读者思维能帮助我们看见自己的问题，发现缺点；消费者思维更像一种回应，让我们学会有选择地放弃一些不太好的创意和想法。

自媒体时代，你可以将用户简单概括为粉丝，关注了你的账号的粉丝就算是用户。而这些粉丝关注你的真正目的一定多种多样，有兴趣爱好，有主动搜索，有大数据推荐，有好奇，有被吸引。这些人的共同点是什么？不同点又是什么？无论这些粉丝来自哪里，他们都是你的读者。

博主作为内容生产者，如果仅仅站在自己的立场创造内容，就很难切中大部分人的痛点。因此，博主必须先了解爆款文案吸引读者的要素，知道背后的底层逻辑，这样在进行思维的多层次升级与整合时，这种换位思考就能敏锐地抓住痛点。

爆款文案之所以能爆，文案作为传播的核心，一定是重要的一环，也是爆款价值的承载体。经过对大量爆款笔记的研究和分析，并结合心理学理论，我总结了爆款文案都有以下共同的要素。

（1）好奇心思维

有很多阅读量达到几十万次、点赞超过 3 万次的爆款笔记，你点开后会发现其内容好像并没有什么价值，就是一些好玩、有趣的分享。这种笔记就符合了好奇心思维这个法则。

博主"有梦想的宅楠"有一条视频笔记很火爆，点赞 46 万次，收藏 8.6 万次，内容是他买 5 000 元的手电筒整蛊室友的事情。读者看完视频都觉得特别解压，对 5 000 元的手电筒很感兴趣。

可以说，这个故事没有丝毫营养。但你不得不承认，只要点开，你就一定会看完。因为用好奇心思维吸引人们的目光，可谓百试不爽，非常好用。很多知识类博主也习惯用这样的方法，只是表现方式更加婉转、隐秘一些。例如，有些笔记的标题是"做副业月入几万元""撑起中国制造的超级小镇，你了解多少"，这也是借用了好奇心思维。

在文案写作中，好奇心思维的运用非常普遍，但有 2 个注意事项。

① "钩子"一定要设置在开头，结尾部分一定要对前面的"钩子"给出答案和解释。不能让读者看完整篇笔记依然充满疑

感，这简直叫人十分难受，更别提点赞关注了。更重要的是，如果前后的悬念和解答形成了非常好的连贯性，让人眼界大开，甚至还能在关键时刻给出一点附加值，那就会特别加分。

②"钩子"设置得不能太夸张。前文讲的很多博主的标题会写"做副业月入几万元"，读者点进去看内容，却发现这并不是普遍现象。要想避免读者有被欺骗的感觉，博主就要特别坦诚地讲内容，认真分享自己赚这份钱的辛苦，引发别人的理解和同情，还要给出一些关于副业赚钱的干货和建议，让读者有收获，这样才是一篇好笔记。

（2）捆绑思维

简单地说，这里的"捆绑"是指把读者与博主捆绑在一起。至少在看这篇笔记时，二者是互相连接的，站位和角度一样。这种思维的好处是能够让读者对博主的心情感同身受，更加深刻地体会到博主传达的内容价值，从而对博主个人产生强烈的好感和共鸣。

博主"小熊的奇思妙想"有一篇点赞59万次的笔记就巧妙借用了这种思维。内容为遇到好舍友是一种什么情况。文案非常简单，就是晚上8点、当你很累了想睡觉时，给男朋友打电话的舍友立马挂断电话，打游戏的舍友关掉声音，研磨面膜的舍友放弃磨粉，还有人小心关掉房间的灯。最后，那个很累的舍友在被子下面偷偷笑了。

在这篇笔记下面，大量读者非常热烈地谈论自己与舍友相处的故事。在这里，读者的身份都一样，目标和想法也相同，自然很容易体会到博主想要传达的思想：做一个能体谅、关心舍友的人。这种捆绑思维就是非常典型的站在读者的立场说话、做事，角度也不刁钻，大多来源于生活。

当然，我们在运用这种思维时需要注意以下 3 点。

①文案的选题方向要有痛点。

②谈论的大多是一般人不敢说或藏在内心深处不敢表达的话题。

③要注意人称代词，尽量多用"我们""你""姐妹们"，少用"我"，让读者的代入感更强。

（3）类比思维

这种思维的核心就是展现博主和读者曾经是同一类人，但博主后来因为做了某些事情而发生了巨大的改变。例如，坚持健身、读书，或努力考证而让自己变得越来越好。文案内容要用对比的方式把博主前后的改变淋漓尽致地体现出来。通过这种比较，能表达博主的暗示：只要你和我一样做，你也能逆袭人生。

博主"香橘子 Ella"有一篇笔记是写她 10 年的巨大改变的。她从小就知道自己不好看，也羡慕过别人谈恋爱，但因为自卑从不敢在男生面前自信地说话。她毕业后的第一份工作是卖保险，并浑浑噩噩地过了一年多。直到某天，她逼自己去做销售，有时还兼职做主持，性格慢慢变得开朗。2018 年，她找了一份边上班边学英语的工作。后来，她辞职做自媒体，拍摄自己的游历生活，收获了很多人的喜欢。现在，她拥有国际中文教师证和百万粉丝，看起来自信从容，眼里有光。

看完这样的笔记，我相信谁都会被感染、被影响。因为一个毫不起眼的女孩通过努力一点点创造了想要的人生。笔记给读者展现出女孩不甘平凡、不受自身条件不好的限制，勇敢坚毅的改变历程。这种力量对读者来说非常强大。

类比思维可运用的范围非常广泛，包括学习、人际交往、工作等。我们在运用时需要注意以下3点。

①类比的同类型身份要有庞大的基数，不是一个小群体。

②对比要体现强烈的反差，可以是自我的改变，也可以是看见别人的改变；要带来内心的震动，体现一种积极的正能量或实操性较强的方法论。

③更重要的是，文案要有饱满的情感，切记干瘪枯燥，否则就没有感染力，让对比出来的结果很空洞。

（4）反客为主思维

反客为主思维就是博主明确地提出目标和计划，邀请读者跟着自己一起做这件事，并实现某个目标。

对大部分读者来说，心中的有些计划很模糊，有些冲动正好处于犹豫拖延中。当博主直接发出邀请时，瞬间就会点燃读者内心深处的小火种，吸引他们点进来看笔记。如果计划设置得好、实操性强，结果也看得见，他们大多会加入进来。

博主"Cecily_Cao"分享了一篇关于戒掉多巴胺、真正做到自律的视频。她首先分析了人天天想看手机是因为这时大脑会分泌多巴胺，所以要用合适的办法慢慢戒掉大脑对多巴胺的依赖；然后她设置了 3 个步骤循序渐进地减少对多巴胺的依赖，慢慢做到自律。在视频的关键时刻，博主直接发出邀请：把"接受挑战"打在公屏上。

很多人看了这样有干货、有邀约的视频都会跃跃欲试，读者也纷纷留言说"立马动起来，抓紧按照计划做"。

反客为主思维背后的核心是借力打力、攻其要害、利用痛点。因为知易行难是一个普遍现象，博主要在恰当时反客为主，用影响力、专业度唤醒读者。就像刘畊宏每隔一会儿就要呼喊"跟我一起来"一样。这里有以下 2 个注意事项。

①文案选题一定要契合博主的个人背景和专业领域。

②封面一定要能打动人心，切中要害。

（5）懂你思维

说到懂你思维，每一个人都不陌生，就像作家廖一梅说的："人这一辈子，遇到爱，遇到性，都不稀罕，稀罕的是遇到了解。"博主运用好懂你思维，就能事半功倍地写出爆款文案。这种"懂你"能一下子戳中人心，直接吸引读者。

博主"静香学姐"有一篇笔记分享了普通女孩摆脱"廉价感"的几个方法。她在开头先写自己作为普通女生，看见身边的人虽然普通但气质很好时产生的困惑，然后具体总结出发质、妆容、体态 3 个方面的原因，最后还给了一些穿搭建议。

看见这样的笔记，你是不是觉得"简直说出了我的心声"，读者也会有和你一样的感受。前面的铺垫就是表达博主很懂你，曾经和你一样自卑，但通过努力变得更好了。

要知道，懂你思维背后是理解和结伴同行。读者发现自己在网络上被人懂得，自然会对博主及其内容产生极大的认可。这里有以下 2 个注意事项。

①懂你思维的运用很广泛，可以用在母婴、美妆、知识、教育、情感等方向。

②选题的切入角度要细致，内容要真诚，以真实的自我来展现，切忌用虚假的东西和读者做朋友。

（6）利益点触动

这里是指选题要切中要害。例如，金钱、时间、好处、优惠、逆袭、秘密等字眼能够强烈地冲击读者的目光，通过利益激发其高度关注。

博主"小亭不停课"有一篇获赞 41 万次的笔记"清华宝藏神器，拯救文字失语症"。从字面上，读者很轻易就能看出里面有巨大的好处，内容就是介绍两款清华开发的网站，能查找各种词语和名言。

这种笔记看似不高端，但利益点很吸引人，自然能引发大量的关注和收藏。再加上小红书本身就是分享平台，能给他人带来好处的选题都适用这个方法。只是博主要学会从"利益点触动"这样的思维角度包装选题，对分享资料进行提取，恰当展示利益点，以此吸引更多人。

把利益点直接写在封面或标题上，没有几个人能拒绝这样的诱惑。无论这个话题是否与读者的预期相关，他都会点进来看。这里有以下 2 个注意事项。

①利益点的范围要大一些，不只是金钱这一种。

②当你用利益点吸引读者时，内容就要能真正解决问题，做到干货十足。

文案的爆发式传播一定有独特的逻辑和原因。抛开外界的不可控因素，博主需要做的是了解并掌握这些底层思维。

思维模式能从根本上帮助博主搭建好文案的大框架，做到角度出彩、有新意。博主先在头脑里勾画过文案的多种范式，深度了解爆款文案抓人的关键要素，在做选题或对头脑中的灵感进行推理演变时，就能快速理清纷乱的想法，抓住主线。

1.1.2　构建 3 种思维模式的平衡

前文讲过，小红书博主不仅要拥有读者、用户、消费者的多种思维模式，还要学会将这 3 个群体的思维汇聚，形成一个创意体系，如图 1-2 所示。

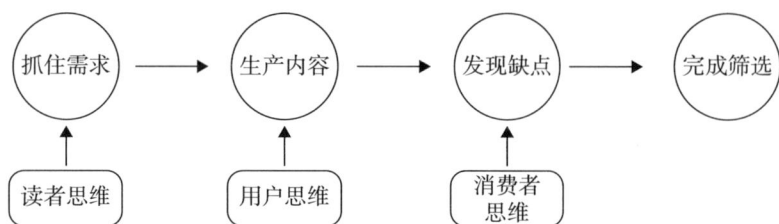

图 1-2　文案的创意体系

对于小红书博主来说，用户即粉丝，读者就是潜在的用户。博主可以这样假设，读者是全部浏览小红书的人，理论上他们都有机会看到博主的笔记。因此，读者比用户的范围更广。消费者可以理解为购买博主的产品、为博主的知识或经验付费的人，或者将来可能付费的群体。

要找到三者之间的平衡，博主可以按照以下 3 步执行。

（1）确定读者、用户、消费者的核心需求

现在请你打开小红书，以读者的心态看笔记。当你浏览 15 分钟后一定会找到几篇自己喜欢的笔记。它们之所以吸引你，总结起来一定有这几个共同因素：惊喜、收获、认可。

你再次切换身份，专门看那些自己早已关注的博主的笔记。对有一定了解且已经获得认可的博主的笔记，你的想法不自觉又变化了，主要可能是这几点：信赖、成长、共鸣。

最后，你用消费者的眼光读一些笔记。例如，你一直心动于某个博主的知识付费内容，但迟迟没有行动。这一次，你假设自己即将购买某个专栏，认真浏览他的笔记。我相信，你的内心一定抱着这几个目的：改变、连接、价值。

每一次身份的转变，人们的期待和目的都会发生相应的变化。因此，我们先要确定以上 3 种身份最核心的需求有何不同。实践表明，从读者到用户，再到消费者，核心需求是不断递增的，如图 1-3 所示。

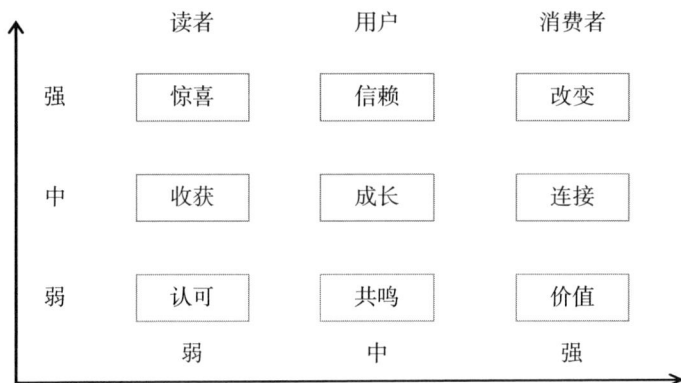

	读者	用户	消费者
强	惊喜	信赖	改变
中	收获	成长	连接
弱	认可	共鸣	价值
	弱	中	强

图 1-3　不同群体对内容的需求

最初，我们仅仅因为一篇笔记有惊喜，就会点赞关注。成为粉丝后，我们对这个博主的了解更多，有了初级信赖和认可，更容易对其观点产生共鸣。如果要成为消费者，一定是期待得到价值，与博主产生更进一步的连接，获得改变。

那么，一篇笔记为什么会被点开？在这背后肯定有多种因素，但起主导作用的就是文案的吸引力。

（2）评判文案的吸引力

对于小红书来说，一篇文案的吸引力可简单总结为这几个要素：话题角度、情感共鸣、价值性、稀缺性、独家性、内容质量、封面标题、身份背书。实际上，这些要素在读者、用户、消费者眼里的比重是有一定差别的。

这里用 GE 吸引力分析模型进行解析。GE 吸引力分析模型是美国通用电气公司引用波士顿咨询集团的原理，经过多种实践和修订后发展形成的分析方法。

表 1-1 所示是文案吸引力评估准则的运用方法：先给文案的每一项要素打分，设定分值为 1 ~ 5 分，1 分代表吸引力弱，5 分代表吸引力强；同时，给该项要素的重要性设置权重；最后，将文案要素得分乘以权重，得到总分。

表 1-1　文案吸引力评估表

文案要素 ＼ 群体	读者	用户	消费者	重要性（权重 0.1 ~ 0.5）	读者（加权总分）	用户（加权总分）	消费者（加权总分）
话题角度	1	1	1	0.1	0.1	0.1	0.1
情感共鸣	2	5	2	0.3	0.6	1.5	0.6
价值性	3	3	4	0.4	1.2	1.2	1.6
稀缺性	4	3	4	0.3	1.2	0.9	1.2
独家性	1	2	5	0.2	0.2	0.4	1
内容质量	5	3	4	0.5	2.5	1.5	2
封面标题	3	1	1	0.2	0.6	0.2	0.2
身份背书	3	1	1	0.2	0.6	0.2	0.2

从表 1-1 中，我们可以发现同一篇文案在不同群体眼里呈现的效果有很大差异。对于读者来说，博主的内容质量最重要，他们对情感共鸣的要求不高。对于用户来说，有时一篇笔记不需要太高的含金量，质量也可以一般，但对情感共鸣的需求更强烈一些。特别是那些个人魅力较强的博主，哪怕随手分享一

点生活的感悟，也可以得到用户的超级好评和点赞。

博主"卢雨梦 Leah Lu"的身份是大学老师，加上气质出众的个人形象，她在小红书收获了很多铁杆粉丝。很多时候，她就是发一张和自己先生的合照，也可以赢得粉丝的称赞，下方的评论几乎都以情感共鸣为主。

同时，这位博主还是设计师，她设计的产品在小红书商店也有不错的销量。最好的一款产品是她设计并手工制作的茶具，好看又实用，价值性和稀缺性都可以打满分。

因此，消费者对博主的要求与用户和读者有根本性的差别。如果用马洛斯需求层次划分，用户变成消费者，至少要同时满足其社交需求、尊重需求、自我满足 3 个条件才可以。但是，读者的要求就没有那么高了。很多时候，一篇观点新颖或干货充足的笔记就能吸引大批读者转化为用户。

（3）针对性调整文案的侧重点

正如前文所讲，读者、用户、消费者对文案有不一样的需求，所以博主可以根据自己的当期目标做出有侧重点的选择，以此塑造文案。

在做账号初期，为了吸引更多读者关注，博主不必过多考虑文案的情感和共鸣，将重点放在内容质量、稀缺性、价值性上即可。

当用户积累到一定程度后，博主可以多发布一些关于个人经历、个人生活的内容，吸引粉丝的情感共鸣，以此让粉丝更了解博主的真实个人，而不是冷冰冰的一篇篇笔记。这也是为后面的转化埋下伏笔。

后期，如果博主的粉丝体量够大了，并且有相应的付费产品推出，这时就需要增加内容的价值性、独家性以提升质量。同时，博主还要让粉丝感到购买内容后能够得到改变，与博主产生更进一步的连接。

综上所述，博主要构建读者、用户、消费者思维的平衡，基础在于博主对自己有真实、准确的定位，对个人身份背书的有效把控，并分阶段、分目标地输出相应的笔记。

准确地说，博主可以根据自身的实际情况对文案吸引力的几大要素进行调整和设置，分值和权重的设定都没有固定的数值。博主只要借助这种分析模型，按照自己的情况进行分析，就可以让自己的文案创作更有底气和根基，能更快抓住核心，不会漂浮。

1.1.3 培养思维的分离与聚合

在创作初期，读者思维是核心。博主有了任何选题，都要先运用读者思维进行思考、确定方向；接着以用户思维来考量：这样的文案能否让人产生信赖，是否有共鸣？在创作时，博主应从粉丝的角度换位思考：关注之前因为何种原因？关注之后的期待和收获是什么？两者之间是否有连接点？这样很多灵感和想法就会冒出来。

最后，当博主生产了许多内容、正在暗暗得意时，消费者思维需要跳出来：这些内容能真正让别人收获哪些东西？有多少人愿意为此买单，付出相应的成本？

博主用消费者思维检视作品时，在筛选中就会放弃那些多余的枝蔓。经过修剪和一系列的分离与递进，留下来的就是精品。

例如，我曾经写过一篇名为"看完这 6 本书，我终于会怼人了"的文案。我在灵感阶段是这样想的：现在很多人和我一样，不会拒绝，遇到事常常吃亏。这是用户思维。继而换成读者的角度：有没有什么书，看完后可以学会说话，提升沟通能力？那么，"关于学说话的书"这个选题就应运而生了。再切换到消费者思维上，大部分消费者都会想：关于教说话的书有很多，我为什么要看这本呢？

此时，我需要加一把火，那就改成"看完这 6 本书，我终于会怼人了"。气势上够爽快，有情绪，能在很大程度上激活那些深受说话困扰的人内心的情感，从而吸引别人来阅读。

在每一篇爆款文案背后，博主都可以深挖、发掘这样的思维模式。对别人的爆款文案，我们依然可以这样学习，拆解背后的创作逻辑。

现在，我以美食账号"黄大仙便当日记"作为对象，分析这个账号为什么能 1 个月涨粉 10 万。

　　这个账号发布的都是做饭的视频，看起来没有什么特别的地方。实际上，这是博主经过多轮的思想碰撞，才得出的最恰当、最好用的展现方式。

　　首先，博主会做饭，也是打工人。她在带饭去上班的某个瞬间灵感迸发："既然我做饭好吃，那我可不可以做饭展现给别人看？"答案是肯定的。接下来，她继续思考："会做饭的人那么多，我与别人有何不同？"得出的答案是"我会家常菜，会做便当"。

　　这是最初级的回答，还不够成熟。

　　接下来需要把思维切换到读者的角度，读者需要什么？读者喜欢看什么？答案包括各个地方的特色美食、家常美食、火锅、私房菜……可谓五花八门。在这么多可供选择的方案中，博主再运用消费者思维多次整合与分析。

　　首先，自己是一名打工人，有群体代表性；接着分析，打工人需要的就是做最简单的饭菜。那么，经过论证，前面的回答被再次肯定。

　　在实操过程中，思维模式的运用没有先后，可以交叉，可以不断交换，只是我们需要改变头脑里固有的单一的思维主线，训练多种思维模式的分离与聚合，这样在文案写作时才会有创新。

1.2 建立爆款思维

关于爆款，或许你的第一反应是自己怎样才能写出爆款？什么叫爆款思维？

当你追问什么叫爆款思维时，你就犯了最简单的逻辑错误。因为这是一个没有直接答案的问题。

在《麦肯锡教我的思考武器》这本书中，作者提到"解决问题之前，先要查明问题""提升答案的质量并不够，提升问题的质量更重要"。

例如，当我们问"怎样才能把工作做好"这个问题时，不如缩小话题，先从"怎样提升工作效率"开始。因为这里有很简单的公式可以快速得出答案，进而一步步找出更多明细且准确的问题，最终靠近想要的问题的答案。

由此可见，"怎样才能写出爆款文案"是一个宽泛而庞大的问题。我们首先要学会分解问题，从最基础的部分着手，用准确、细微的方式一步步开启对爆款思维的探索。

面对小红书，你一定有这种感觉：有时随便写一写，看似没有什么高深的内容，但流量就是超级高，吸引了非常多的粉丝。但是，你也会有相应的困惑：明明精心打造的一篇笔记，却流量很少，点赞、关注的人寥寥无几。所以，爆款文案的产生很难有规律可言。

当然，爆款文案的出现肯定是偶然的，但偶然之中也暗藏着一定的逻辑和法则，与外部环境、大众痛点、选题落脚点等因素有密切的关联，我们需要有节奏、有方向地一步一步按照技巧进行准备。

1.2.1　从灵感到观点

西班牙作家阿娜伊斯·宁（Anais Nin）说过一句话："我的想法通常不是来自书桌前的写作，而是来自生活之中。"这告诉我们，写作首先来源于灵感的迸发，然后我们再思考、延伸出来一系列想法并最终成文。知名作家写经典著作也是如此。

多年前，29岁的莫言在解放军艺术学院学习。有一天早晨，他做了一个梦。梦中看到一片很大的萝卜地，一轮红日初升，辉煌的日光照着地里的一间草棚。一个美丽的少女缓缓走出来，手里举着一柄鱼叉，鱼叉上叉着一个闪闪发光、透明的红萝卜。

这个梦实在是太美妙了，莫言虽然被起床铃声惊醒，但他深深记得梦中的画面，忍不住对同学们说起这个梦，还问能不能写成小说。得到赞同的莫言十分兴奋，蓦然间想起他少年辍学时到工地给铁匠当学徒，因为饥饿拔了一个红萝卜吃，却被抓住在众人面前批斗的沉痛往事。根据这个梦中得来的灵感，莫言瞬间创作思路爆发，即兴挥笔，一周后写出第一篇中篇小说《透明的红萝卜》，发表后引起了很大的轰动。

也许，你觉得这是大作家莫言才有的本事，能够把灵感快速变成一篇小说并获得极大的认可。而作为博主的我们，或许没有这样新奇的灵感来源，但生活也时常会带来感动和微小的灵感涟漪。

例如，你走在路上，看见一个爸爸带着小女孩，女孩很软萌、很可爱，一直跑来跑去，这位爸爸一直微笑看着孩子。这时，你也许就会灵感迸发，想到一个观点："都说爸爸是女儿奴，其实把女儿养大，仿佛体验一次陪老婆慢慢长大。"

这样的想法如果不是灵感闪现，一般情况下你很少会这样想，但不得不承认这样的观点确实更有新意，摆脱了千篇一律。

很多时候，在灵感的引导下，各种沉睡的、千奇百怪的想法就会钻出来。因此，博主必须重视灵感。当灵感来临时，博主要快速抓住灵感中的核心词，加以联想、扩展、变异、提炼。这是写作训练的重要一环。虽然灵感闪现的东西不一定完全正确或有用，但博主可以把灵感演变成观点。

（1）收集灵感，发挥联想

如今，各大自媒体平台发布的内容有很大的相似性，其核心词都离不开金钱、时间、健康、情绪、自律等。面对写过无数遍的话题，博主却要不断推陈出新，写出别致的思想、精彩的文字，这就要依靠灵感的力量。

当你打算成为一名写作者时，你就必须养成收集灵感及思想片段的习惯。灵感的来源有很多，可以是别人对你讲的有感触的话语，也可以是脑子里突然冒出来的想法。你走在路上对某件事有了想法，立即用手机备忘录写下来。不管这个想法是偏激还是奇怪，只需要如实写出来。一般情况下，当你把某个时刻混乱的想法全都写下来，感觉脑子快要炸了时，就可以停止。

几天以后，你再打开这个灵感记录本看一看，这时你的态度与之前相比有了显著的变化。在这些混乱的灵感碎片中仔细寻找，你总能发现几个亮点词或有新意的片段。

对灵感进行提炼的第一步是你要进行充分、大量的联想，如近义词联想、反义词联想、意义联想、关键词联想、对比联想、内涵联想等，以灵感词作为核心，进行多轮、多角度的发散性思维联想，在本子上记录下来。

如果你用心思考，很快就能收集到相当多的语言片段和模糊的观点雏形。这些零散的思维观点看起来不够高级，也比较平淡，但总有几个触动人心的常用词。

第二步是对这些普通的有关情感和情绪的关键词进行包装或变异性完善，这时可以充分发挥个人的语言风格和感情色彩，让观点不是干巴巴的一句话，而是有鲜明、充沛的情感流动，这样才具有传播的价值。

这种发挥联想的方法比较考验博主的归纳整合能力，实操过程也没有那么死板，可以进行任意的包装，只要你能写出独特的观点。

这是我学习新媒体写作的真实经历。当时我刚入行新媒体写作不久，每天很勤快，但在写作过程中也经常受挫。特别是要提炼有新意的观点，我简直觉得太难了。走在路上、吃饭、洗衣服时，我的脑子都在不停地转动。

有一天，老公看我很晚了还在查资料，突然半开玩笑、半认真地说："你是不是也要努力写，争取早点出一本书哦！"听见这句话，我的第一反应是生气。我想我已经这么拼了，晚上、周末都没有休息，这意思是还嫌我不够努力啊！

第二天，我继续思考选题。突然，我耳边响起老公昨晚说的话，似乎也是一个不错的角度。再联系到人们经常说的一句话："为什么别人对你的要求总比你对自己高呢？"这时距离观点还有很长的一段路。

我继续思考。通过"要求高"这个词进行意义联想，我又想到父母总是对孩子的要求比较高，实际上是因为爱。渐渐地，我提炼出一个观点：这些高要求都来源于爱。于是，我有了第一个观点：爱你的人总是对你要求比较高。

这确实是一个观点，但很普通。要写一篇文章的话，没有丝毫的新意，还要继续思考。我再次联想：这些爱的背后是希望你做出成绩，实现自己的理想。那么，关键词就是"实现理想"。接着思考：怎样才能将"实现理想"包装得非常漂亮，看起来有语言的陌生化呢？在不断的思考和阅读中，我终于总结得出"成全你"就是一种非常好的包装。于是，"最好的爱是成全"这个观点就诞生了，相比之前更有新意和创新性。最后，我的这篇文章被《人民日报》微信公众号和很多平台包括纸媒转载。

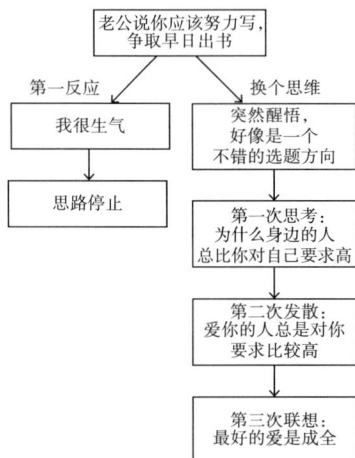

图1-4 从灵感到观点的递进

从图1-4可知，灵感演变成观点需要一定的步骤。如果你不重视灵感，就什么也没有。如果你不断延伸，灵感就能变成有新意的观点。因此，你一定要先将自己的触动和思绪写下来，这些懵懂的思绪经过联想、深化、包装就能变成亮点。

（2）**圈定关键词，组合新概念**

"佛笑世人，爱恨嗔痴看不透，七情六欲放不下。"面对人类情感具有强大的普适性和共性这个规律，自媒体天天强调的痛点无外乎就是这些内容。写作者只能围绕人的喜怒哀乐、悲欢离合等关键词加一点新东西，由此组合出新的观点、新的概念。

如果你写一些大多数人都不感兴趣的话题，等待产生爆款，几乎就是竹篮打水一场空，因为谁都没办法跳出人的本性。在固定的范围内创造新东西，写到读者心坎里，也算是自媒体创新。

这里讲的圈定关键词分为两个部分：首先，统计常用的最容易触动人性、人心的词语，建成核心词库；其次，统计自媒体常用的高频词语组合，记录在新媒体词库里。你在有灵感时，可以到这两个词库里寻找相应或相近的关键词，看朝哪个方向思考能够把灵感包装成触动读者的新的意思。例如，熬夜、拖延、摆烂、躺平等是经常登上热搜话题的词。你看到这类新闻时也非常容易产生一些想法，但这时的观点还不够成熟，需要打造新概念才能符合传播逻辑。

看这则新闻："21 岁男子突发脑梗到急诊科就诊，手术过程中，医生从他的血管里共抽取出 10 块血栓。经过了解得知这位男子因为工作经常熬夜，平时压力大，喜欢抽烟。"

看完新闻，很多写作者已经有了初步的想法。首先圈定关键词：熬夜、抽烟、年轻人患心脑血管疾病；接着到核心词库里找到对应的痛点：透支生命、猝死；再到新媒体高频词库里查找几个合适的词：最高级、人生的活法、惜命；接下来，把头脑里产生的灵感一一写下来：这么拼命有什么意义、活得更长才是最后的胜利……

最后，对痛点和灵感进行剪辑，留下核心词，再与高频词进行多种组合尝试，一种新观点、新概念就这样产生了。例如，我最终得到的观点是"人生最高级的拼命，是拼谁活得更长"。

这里就是把"拼命"这个痛点词用高频词"最高级"进行定义，使其有了新鲜感，看起来更能警醒读者。

要知道，写作者的灵感不会凭空产生，通常来源于新闻热点或某个事件。而把灵感和想法变成创意需要一定的技巧。因此，建立核心词库是根本。写作者需要根据自己的行业属性、目标方向、背景身份等建立自我专属的词库及高频词库。

很多高频词自带爆款属性，如清华、北大、学霸、互联网大厂……这些有背景的词语一直都很好用。

我根据个人成长、认知思维建立的新媒体高频词库，如表1-2所示。可以说，这里的高频词很大一部分都能在各个平台通用。

表1-2　新媒体高频词库

高频词				
格局	修养	素养	熬夜	教养
扎心	毁掉	内耗	惜命	崩溃
早起	健康	运动	福报	泪崩
低配	高配	福气	努力	底气
读书	见识	活法	真相	能力
本事	本色	本质	灾难	欲望
改变	放下	情绪	输了	买单
翻脸	翻车	赢了	自由	命运

（续表）

高频词				
孤独	三观	自律	优秀	靠谱
细节	认知	见识	心态	极致
顿悟	坚持	成长	热爱	迹象
差距	停止	特质	低谷	年轻
读懂了	通透	豁达	戒掉了	沉淀
积极	心疼了	开挂了	成全	后悔了
成熟	状态	价值	良药	强大
赚钱	希望	幸福	平庸	耐心
害怕	存钱	治愈	底色	平凡
高层次	消耗	纯粹	不设限	弯路
自我提升	低层次	出众、出局	思维模式	好习惯
最高级	拉开差距	最好的	最舒服的	用力太猛
最清醒的	最有水平	最富有	最拼	最怕的

其实，这种把灵感演变、推理、包装成观点的方法除了能用在小红书，也适用于其他平台。这是我个人多年经过大量实践的经验总结，也是做新媒体选题便捷且容易的方法。

1.2.2 从观点到爆款

持续写出爆款是博主内心的一种执念，而写出亮眼的观点并不代表就能成为爆款，其中有很多因素共同作用。我们需要洞悉爆款的本质，懂得与个人经验相结合，并总结出爆款思维方法论。

一直以来，我都喜欢把小红书和其他自媒体平台进行对比分析。加上我在这个领域的深入浸染和观察，我发现其他平台通用的方法到小红书这里同样适用，如新媒体高频词、大众痛点、爆款标题句式等。当然，还有一些属于小红书特有的逻辑，如爆款不一定在笔记发布之后突然爆发，而是不断递进和增长，甚至会在一个月之后慢慢爆发。那么，掌握爆款的节奏非常有必要。

（1）洞悉爆款的节奏

人们都有一个普遍的认知，那就是爆款的内容比较契合大众痛点。因此，紧跟大众痛点是快速写出爆款文案的一种捷径。那么，博主写出来的观点也要无限接近或触及人性深处的痛点。我把大众痛点作为纵轴，爆款思维作为横轴，如图1-5所示。

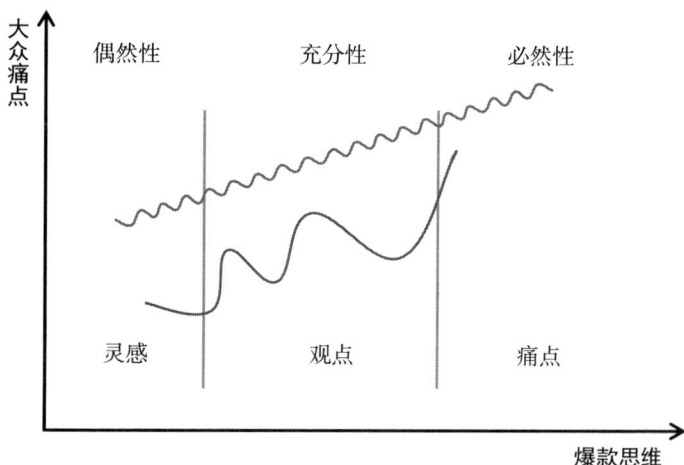

图1-5　从灵感到爆款的演变

灵感萌生后，博主要把碎片化的思维演变成合理的观点，而且需要紧靠大众的痛点，只有这样才有可能成为爆款。在正常情况下，灵感演化成观点的过程呈斜梯起伏而不断上升，从而成为爆款。如果灵感变成选题时，因为个人习惯、喜好等原因的影响，产生的观点离大众痛点很远或有偏离，这样的观点距离成为爆款就很遥远了。

同时，爆款的产生也有一条路径，需要经历偶然性、充分性、必然性 3 个阶段。3 个阶段的演变过程没有固定时间，可短可长。有时因为内外部因素的影响，前面 2 个阶段的递进时间甚至可以忽略不计。例如，当前是否有现象级的热点话题、发文的时间、运气、机遇等。也就是说，一个观点能否成为爆款，不仅与它是否抓住了大众痛点强烈关联，而且与成为爆款的必然性紧紧连接。

例如，某知名年轻导演因为拼命工作而英年早逝的热点事件突然发生，这时大众痛点几乎不需要刻意寻找就摆在那里。关于健康、熬夜的话题都是痛点。这时写作者的灵感也会在此基础上萌发，只要稍微加以改进就能成为爆款。

在没有大热点的情况下，成为爆款的必然性就高一些。因为大众的情绪始终很平稳，一般无法触动。此时写作者的观点尽管特别亮眼或突出，非常靠近成为爆款的必然性，但因为大众痛点太高，二者依然存在差距，出爆款相对就会特别困难。因此，写作者唯一能做的就是先练好基本功，随时都能把灵感演变成合格的观点，踩在大众痛点之上，等热点到来时迅速抓住就变得简单很多。

（2）抓好落脚点

逻辑树分析法用在爆款思维分析中，能帮助我们准确找到大众痛点，敏锐发现哪些选题是弱痛点、哪些选题是强痛点，如图 1-6 所示。

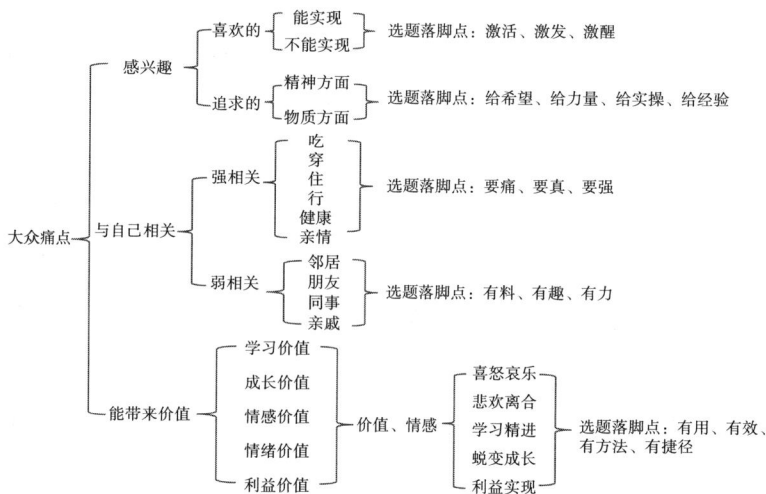

图 1-6　建立爆款思维的落脚点

在图 1-6 所示的这些分类里，与个人强相关的话题，落脚点一定要足够真实、有强烈的共鸣，传达的内容可以是干货，也可以与自我情绪、家庭、感情高度关联。例如，博主写健康、买房、食物安全、孩子教育等与生活息息相关的话题，必须遵循提出警示、解决问题的逻辑。也就是说，博主不仅要提醒读者，还要给出解决问题的方法，让其有一定的收获。

如果从身边的朋友、亲戚、同事的角度来写文案，这是与读者弱相关的话题，落脚点就需要有料、有趣、有力。只有从新奇、带着刺激性的角度来写，才能激活读者对这类话题的关注。例如，"我朋友三本毕业跳槽到某外企年入百万"这个话题就远比"我朋友放弃一线城市回到老家"更能吸引读者的目光。

当博主要写关于价值利益、学习成长的话题时，落脚点必须给读者提供一种解决问题的捷径，或者好的方法和经验，让读者看到效果。尤其是关于学习成长、理财存钱等笔记，就要把捷径、高效、共享放在最核心的位置，要展现博主的专业度、强大的实力，还有方法和经验的可复制性。

还有一些话题是读者感兴趣但某些平日里不太重要、藏在其内心深处的追求，博主依然要着重发掘，不能忽视这种话题的爆发潜力。只是落脚点要放在激活、激发读者的潜意识，同时还要给希望、给实操、给经验。这种"给"要毫无保留，要体现真诚和可借鉴的意义。例如，来一趟说走就走的远行、裸辞、回到农村创业、离职考研、从一线城市回到县城、放弃安稳的生活追求某个目标……这些话题只要切入的落脚点能够警醒读者、给予力量，写出来的文案就自带爆款属性。

综上所述，任何一篇爆款文案在看似无规律可循的背后都潜藏着一些基本的思维轨迹。在文案创作中，博主的首要任务是抓住并理清这些底层逻辑，才能在看似千篇一律的无趣、无味中找到有新意的角度，做到巧妙切入，产生强烈的感染力。

1.3　爆款文案的 7 种相似性与 7 种差异性

2020 年 11 月 11 日，四川甘孜藏族少年丁真以天然粗犷的"野生"美感瞬间走红网络。此后一个多月，丁真的家乡理塘县的搜索量猛增 620%，比国庆假期翻了 4 倍。甘孜州的酒店预订量最高较 2019 年同期增长 111%（数据来源于中国旅游新闻）。

这时，火出圈的丁真为宣传家乡的旅游资源拍视频、练习写汉字，一举一动都要向网友们传达一下，以示走红后他的真实生活和视频里是一样的，纯真而天然。

我们不难发现，丁真之所以成为现象级爆红人物，是因为他真实、善良、美好，这是他吸引人们关注的核心因素。在传统文化中，"真"是回归本源，"善"是至善之德，"美"是身心归于平凡。对于今天的自媒体来说，"真善美"经过无数的变形、化妆、揉搓，又被各种外部文化浸润和包装，变得外表圆滑、透明，没有突出的特征。所以，大多数时候，人们面对爆款文案，不会查找背后的核心因素，只强调一些表面的分析，如标题封面是否亮眼、语言是否接地气等。

不可否认，爆款文案的组成是复杂的，实时热点、事件新奇、痛点强烈、与大众生活息息相关等因素都是成为爆款的核心条件，但它们的存在都是建立在真善美的基础之上。我们用一个金字塔对这几个要素进行排列，如图 1-7 所示，就能明白热点、新奇、痛点都是在搭楼房，先要有真善美的良好根基才能建立高楼大厦，否则就是空中楼阁。

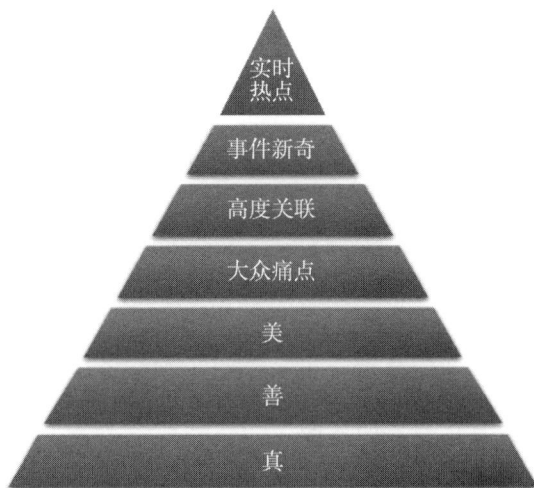

图 1-7　爆款文案的金字塔结构

同时，一篇爆款文案不仅仅具备真善美等相似性，也有多种差异性。由真善美作为内核，再融合多种技巧，把很多平常的东西变通一下，刺破人性的痛点和欲望，爆款文案就这样诞生了。

1.3.1　爆款文案的 7 种相似性

柏拉图在《理想国》中说："当美的灵魂与美的外表和谐地融为一体，人们就会看到，这是世上最完善的美。"将这一点运用在小红书平台上恰如其分。小红书是一个特别注重视觉艺术、审美爱好的平台，把精致的画面、精良的封面设计、精巧的个人特点等搭配起来，就具备了小红书爆款的雏形。追求"美"，做到"真"，展现"善"，如果简单概括爆款文案的共性，不外乎就是如此。

（1）真实的人性

在小红书中，知名演员胡歌特意开了一个小号，目前粉丝不多。他在这里发的视频丝毫没有偶像包袱，而且特别搞怪、滑稽。例如，穿着邋里邋遢，提着一个啤酒瓶子；笑起来特别像民工；穿性感女装，模仿玛丽莲·梦露；和朋友们聚会，在台上尽情地乱舞乱跳……就像他自己在视频中说的那样，想用小号发布一些自己想发的东西。

我一直认为胡歌有演技、有实力，甚至有点孤傲。我相信大部分人都和我一样，因为从官宣新闻中看见的胡歌从来都是极为礼貌又谦和的人，直到看见他私下的另一面才明白他如此真实又幽默。

在胡歌的这些视频下面，读者留言说："看见这样的胡歌越来越喜欢""视颜值如粪土""胡歌真接地气儿""给大家带来了很多快乐"。

其实，我们可以扪心自问，是喜欢屏幕上的偶像胡歌，还是喜欢这样真实有趣的胡歌？答案一定是后者。光芒四射、帅气潇洒的外表，也抵不过有趣的灵魂、真实的人性。

换个角度，当你非常喜欢的博主偶尔也会展露人性深处真实的一面时，如爱玩、贪吃、懒散等，你是不是会觉得这个人十分可爱，也拥有和你一样的缺点？而且，你对他发的任何一篇笔记都会自带一层滤镜。

实际上，你只要稍微观察就能发现，小红书里每一个拥有百万以上粉丝的博主，其具有的最重要的特质就是真实。这个真实当然包括很多方面，如经历真实、身份真实、故事真实等基本要素。而要吸引庞大的群体，创造爆款，文案就必须体现人性的真实。著名作家威廉·福克纳（William Faulkner）说："人性，是唯一不会过时的主题。"面对自媒体的滚滚浪潮，你与其苦苦思索什么主题最受欢迎，不如展现真实的自我。

公众号"视觉志"曾发布"凌晨 3 点不回家：成年人的世界是你想不到的心酸"一文。文章发布后很快被读者疯狂点赞、转发，短短几天阅读量高达 800 万人次。因为文中写了 3 个简短的小故事，个个都深深击中人们内心的真实。

例如，深夜独自加班赶 PPT 的实习生遭遇电脑蓝屏差点崩溃；急诊科护士因 3 岁孩子发高烧却要时刻待命工作而难过；女孩忙着为客户修改产品设计而无法见男友，对方愤怒离去……看见如此戳心、艰难画面的那一刻，几乎每一个人都会感同身受，自动代入自己曾经历的艰难过程。

因此，在文案写作中，展现人性的真实不必处处都体现完美、优秀到无懈可击，反而是那些真实的无助、悲伤、疼痛的故事更能激起读者的共鸣和好感，因而广泛传播或点赞，被系统认定为优质并额外给予流量。

（2）真情的牵引

真情的牵引到底有多重要？季羡林说："你要提倡真的，要真情、要真实、要真挚、要真切。"这句话的本意是强调在传统文章的写作中必须体现情感的鲜明，其在自媒体领域一样适用。

在文案写作中，人人都知道要表达情感，要流露真情实意才足够吸引人。但是，仅展现写作者的情感并不是成为爆款的核心条件，而是写作者要用自己的情感触角牵引读者的情感，让文字成为一种连接，浸入读者的内心，让那些具体而细微的情感流动起来，产生翻滚的波涛。

2022年，博主"衣戈猜想"发布一条名为"回村三天，二舅治好了我的精神内耗"的视频刷爆全网，备受认可的是这条视频的文案写得特别好。细细读下来，这篇文案不仅金句力爆棚，而且每一处情感的表达都引领着读者的心声。

二舅说改革开放很好，他也好，为什么呢？二舅说"他公平"。

这里是一个强烈的观点表达，把很多人说不清、道不明的情感用两个字简单直白地展现出来。"公平"本来就是高频词，用来定义改革开放真是恰如其分，瞬间安抚了读者隐藏的躁动情绪。

你能想象在 80 年代，一个山村的女孩子在结婚的时候，能拥有这样的一套家具是多么梦幻的事情吗？

用 20 世纪 80 年代的生活与今天的富裕生活做对比，把读者的目光拉回从前，有引导大众忆苦思甜的良好效果。

二舅掏光了半辈子积蓄给宁宁买了房子，却开心得要死。这就是中国式的家长，中国式的可敬又可怜的家长——卑微地伟大着。

二舅为养女倾尽全力，映射了无数家长的内心，谁不是为孩子一边辛苦付出、一边开心自豪。尤其是"卑微地伟大着"，让所有家长的情感都得到了慰藉。

中国人老说"生老病死"，"生死"之间，何苦还要再隔上个"老病"呢？这可不是上天的不仁，而是怜悯。不然我们每个人都在七八十岁却还康健力壮之年去世，那对这个世界该有多么的留恋？那不是更加的痛苦吗？从这个意义上来讲，"老病"是"生死"之间的必要演习。

这句话更是堪称经典，道出了生命的本质，给予了受困于疾病的人内心焦虑的缓释片，同时也让普通人的情感得以宣泄。

遗憾谁没有呢？人往往都是快死的时候才发现，人生最大的遗憾就是一直在遗憾过去的遗憾。遗憾在电影里是主角崛起的前戏，在生活里是让人沉沦的毒药。

这句话把情感词"遗憾"巧妙用来与"电影主角"进行联系，安抚了读者内心的那些不易言说的负面情绪，有很好的鼓励作用。

我北漂9年，也曾有幸相识过几位人中龙凤，反倒是从二舅这里让我看到了我们这个民族身上所有的平凡、美好与强悍。

这句话是博主从"我的感受"出发，把他看到的和领悟到的人性的本质很好地安装在了"二舅"身上，体现了普通人平凡也很美好，极大地治愈了读者的内心。

根据以上分析，我们能看出爆款文案的传播逻辑就是牵引、拨动、安抚读者的情感。在这一系列的进程中，故事的真实作为内核，再用恰当的技巧把隐藏的爱、恨、痴落到人物故事里并逐个击破。最后，写作者用释放的情感张力抓住读者，表达自己的理解，给予安慰。

人是有情感的，七情六欲鼓舞着人们努力生活。而一篇好的文案就是要围绕这样的核心，提供情感的表达，用饱满、深刻的语句书写人的精神世界。

（3）强大的内核

2022 年，健身博主刘畊宏以欢快、动感的健身操在一周时间内吸引了 3 000 多万粉丝关注。他吸引粉丝的地方，表面上看是夫妻俩互相搭配的诙谐：妻子被迫跟着跳，与刘畊宏超级能跳形成的鲜明对比，让观众好像看到了健身的自己。更重要的原因，恐怕还是刘畊宏健身操的内容强大。

在此之前，虽然有很多跳健身操的博主，但没有人像刘畊宏这样为了某一首歌曲特意自创动作，搭配起来非常有动感和新意，并且还要魔力喊话，让视频前的观众有一种立即跳起来、跟上去的冲动，这一点只有刘畊宏的健身操做到了。所以，他就爆红了。

有特点、有新意，刘畊宏用独一无二的健身操做到了一招鲜吃遍天。其本质是因为高质量的内容，加上刘畊宏夫妻两人的巧妙搭配，让强大的内核在天时地利的外部助推下创造了前所未有的好成绩。

就像一台精密的机器一样，内核强大才可以生产出优良的产品，而这个产品就是博主传递给读者的多方面的体验和感受。在文案写作中，内核强大尤为重要。这个"强"不仅体现在内容干货十足、信息量密集等方面，还包括博主个人的强大实力和态度，以及方法和经验的独到之处。

作为内容创作者，博主的首要任务是建立对自己文字的信心。也许你可以对自己的外貌、身材、学历不够满意，但你务必对自己写出来的每一个字有绝对、坚定的信任。你要这样认为：也许我的文案不够高级，但一定足够用心，有独家性；也许我的经验不够出彩，但一定朴实真诚，值得借鉴。

罗曼·罗兰（Romain Rolland）说："先相信自己，然后别人才会相信你。"那么，博主对文字的自信是内核强大的必要条件。先要肯定自我的经验、心中的目标，在此基础上，你的表达一定就会自然流畅。在分享的过程中，文字的输出变得水到渠成，也极易创作出一些新的东西，带来别样的惊喜。

（4）真心的表达

2019 年，我曾经写过一篇名为"一个家庭最大的福报，是培养出优秀的孩子"的爆款文章。这篇文章被全网多个千万级粉丝量的平台转载，包括中国教育报官方微信公众号，总体阅读量至少 3 000 万人次。

在我写这篇文章时，"福报"还不是新媒体的高频词。当时我受到表姐的孩子毕业找了一份好工作的启发，突然明白一个道理：对一个家庭来说，不管拥有多少钱、多少房子、父母如何成功，实际上还要把孩子培养优秀，不然父母到年老的时候会非常后悔。

于是，我在写作过程中就这样说："不管孩子怎么样，父母应竭尽全力从他身上找到优点，去刻意培养。因为孩子是否优秀，从某种程度上代表父母是否具备发现与培养的能力。

"父母的能力不仅体现在能否教育好孩子，还体现在是否看得见孩子的闪光点，努力培养孩子的亮点。

"当父母的爱变成一点一滴的支持时，孩子就会懂得努力的意义和责任，才能更有能量。

"一个人的成功方式有很多，但身为父母，最好的成功是教育出优秀的孩子。"

这篇文章的很多金句和论述都是鼓励父母要努力找到自家普通孩子的特别之处，要多花一些心思培养孩子。文章中所有素材故事都是真实的，也是我发自内心的想法和真心的建议。当第一个平台发布之后，文章很快就获得了远超平时的点赞和留言量。于是，文章又被某个文化类大平台注意到并转发到头条，也获得了很好的评价，进而引起其他大小平台纷纷转载。

这篇文章的选题没有太大的新意，只是提出一个相对能打动人心的话题：家庭的福报。这个话题虽然不是痛点，但与每一个家庭的利益相关，非常聚焦。再加上对父母来说，养育孩子的过程本身就比较"痛"。当我用"福报"这样的"鸡汤"安抚父母时，就能慰藉他们的心灵并得到认可。

说起来，这篇文章之所以成为爆款，我觉得还有一点就是表达的真心。因为有很多孩子并不优秀，如果一味强调只有孩子优秀才是福报，可能读者会非常生气、愤怒。因此，我要告诉父母，孩子的优秀需要父母用心发现，当你全力培养、点燃他们的亮点时，他们一定会变得优秀。在写作过程中，这种巧妙的角度给了父母启发和希望。

通俗地说，真心的表达就是"不要站着说话不腰疼"。博主要体会到读者内心深处的困扰、烦恼，帮助他们思考一个解决方法，再用娓娓道来的方式告诉他们，这样的文章自然能火爆。

（5）友善的语言

曾有人说，自媒体文章没有"中庸"二字，要么非黑即白，要么打压一方而捧高另一方。这句话并不准确，虽然自媒体强调观点、态度的重要性，在写作时必须有明确的站位，不能"眉毛胡子一把抓"，但并不是说自媒体人就可以用嘲讽的语调写文章。即使针对一件人人喊打的事，博主在写作时也要注意用词。文字可以犀利一点，但不能进行人身攻击，不能打压事件当事人。

简单地说，语言友善是自媒体人的必备素质和修养，你可以指出你看到的这个世界的问题，但不能随意攻击。

一篇名为"王亚平和丈夫的爱情，反衬了多少女性的疼"的文章曾经火爆全网，点赞量高达 2 万多次。文章首先列举了王亚平丈夫赵鹏对她的无条件支持，还有"疫苗英雄"陈薇与丈夫之间深厚的爱情故事，然后讨论现在有多少男性从来不会支持妻子出去实现梦想，而是不断打压，让孩子和家务把女人深深捆绑住。

像这种针砭时弊的选题本身有很大的风险，语言稍有偏差就容易被人诟病。而写作者的全文重在陈述事实，并从 3 个角度告诉女人要坚定相信自己的选择，不要因为追求人生目标、无法兼顾家庭而产生愧疚，不要因为男人而放弃自己。

这种带着建议和鼓励的话语向来都是友善且真诚的，也能极大地获得读者的好感与信赖。要知道，有很多读者思想漂浮，判断力不够强，在面对文字时容易失去方向。

博主就必须做到语言友善，切忌带有指责、挖苦、讽刺的态度，尤其在情感、情绪、家庭生活等话题上。哪怕事件主角的行为犯了很大的错误，博主也只能从另一方的角度劝解，而不能火上浇油。

虽然语言友善没有什么高级之处，但这是非常重要的一个内容。在我的学员中，有很多初学写作的人对自己不满的事情喜欢严加指责和批评，洋洋洒洒写一大篇，还非常得意，认为自己的眼光独到、火辣。实际上，这犯了一个大错，别人来看文章不是听你谴责、唾骂的，而是想从你这里获得真正有用的观点。简而言之，语言友善是一个放之四海而皆准的原则。

（6）美好的格调

格调，原本是指文章的风度、仪态。对博主来说，文案是由整体的格调、语言风格、思想和视觉艺术共同传达给读者的。如果你仔细观察就会发现，小红书的每一篇爆款文案都有一个很重要的特点，那就是格调的差异化和美化。在这里，格调包括色彩、图片、文字、人物、语气的相互搭配。这些要素组合在一起产生了独特的竞争力，能在视觉和情感上强烈激发读者的内心。

我简单总结成这些分类：差别化的审美、明确的个人标志、刻意打造的统一封面、追求视觉效果的别致、简单直白的画面、含蓄克制的隐藏、信息量充足的展示、亮点的刻意展现、真实个人生活的暴露、显眼夸张的标记等。就是这些视觉上美好的格调带给了读者别样的感受，促使更多人点开笔记，并且评论和转发。例如，美妆博主、家居博主的格调一般都是画面、人物形象、色彩搭配等，都非常好看。

一般情况下，色彩的浓烈鲜明比暗淡更好一些。画面是单一还是复杂，没有具体的标准，只要视觉画面与文字高度契合，有神秘感、新鲜感，能给予读者一种差异化的审美和吸引力就可以。因此，重视笔记的格调审美，打造个性化的封面效果，非常重要。

（7）美化的人设

提到人设，每一个人都很熟悉，甚至对此产生了一些厌烦的心理。实际上，人设是一个中性词，运用得好就额外加分，如果操作不当就是一个"大坑"。

如果你是普通人，完全不用考虑人设。如果你想做一名博主，就必须树立自己的人设。所谓人设，就是你给大众展现出来的样子，是经过化妆、定义、衡量之后的选择。可以这样说，在小红书做博主，每一篇文案就是一个人设。这里的人设是一种契合文案的虚拟化人物设定。

例如，你想要拍一段美食视频。你可以假装自己不会做菜，跟随其他大厨一起学习怎样做菜。在做菜的过程中，你尽量表现得非常"菜鸟"，但又不服输地较劲，凸显大厨技艺的精湛。如果你的表演能力够强，还真有可能爆火起来。在这里，你的"拉胯"极像很多不会做菜的普通人，读者能从你的身上看见自己的影子。

因此，博主可以单篇设定人设，也可以根据自己的定位和账号类型统一设定。如果偶尔来一次与平时定位不一样的人设构想，也是一个不错的创意。这样吸引来粉丝以后，博主再展现能力和水平，反倒给人不一样的惊喜。

任何一篇爆款笔记都是背景、人设、故事、文案、格调等各个方面达到了高度的统一与和谐，这样形成一种凝聚力之后产生的吸引力才会数倍增加。

1.3.2 爆款文案的 7 种差异性

如果让你描述"伞"这种常见的物品，你会怎么说？法国社会哲学家罗热 - 保尔·德罗亚在《物类最新消息》中这样说："伞是可以带走的天空。"这是很多文案写作者用来激发灵感的一本经典畅销书，书中一共对 51 件平凡的物件进行了别样、另类、充满诗意且非常有想象力的描述。

从这本书中，我们很容易发现一个道理，任何经典作品都是把普通的事物或道理进行高级、别样的审美和解答。爆款文案就是这样的，在普世性的价值观面前用写作者的创意和思维再度创作，进行多样、变换、陌生化、更加符合当前社会环境的解读。所以，爆款文案也有相应的差异性，就是写作者必须紧抓情绪、塑造情感、拨动读者、满足他人等。

（1）制造情绪的符号

什么是情绪的符号？我们先看两条文案就明白了。

▶ 感谢闺蜜冒死偷拍，我终于摆脱大黄牙了！

▶ 一个神奇的方法，我终于没有大黄牙了。

从字面上看，这两条文案好像没有太大的区别。文字都很简练，传递了方法和经验，值得点进去看。实事上，第一条文案的点赞有 3 万多次，而第二条文案的点赞不过几百次。

造成两种截然不同结果的原因，就是第一条文案有非常强烈的情绪符号，"感谢"两个字首先营造出好感，"冒死偷拍"直接把情绪点燃，"摆脱"两个字侧面证明了这一段过程很挣扎，显得很痛。

第一条文案整体有 3 个情绪的小符号，大大吸引了读者的目光。而第二条文案是很直白地讲述，虽然用了"神奇""终于"两个看起来比较高级的词，但这样几乎没有意义。

爆款文案必须制造情绪的符号，有力地表达博主的思想，从而激发读者的感受，让情绪流动起来。因此，多用带有情绪张力的动词往往效果更好。博主切忌把自己的感受用软绵绵的话语表达出来，那样的文案对读者没有丝毫触动。

（2）释放情感的压力

▶ 二胎妈妈，劝慎重生育，良心建议。
▶ 二胎妈妈，失去自由的痛，远比孩子带来的快乐多。

面对这样两条文案，读者会点击哪一条进去看呢？很显然是第二条。因为这里有浓浓的情感表达，"失去的痛"对应"快乐的多"，不仅形成了对比关系，而且把结果明白地展现出来，让读者能看见很大的差距。虽然这个"痛"并不是读者的"痛"，但情感天生具有黏性，可以吸引并唤起读者内心最柔软的触点，他们自然会点进来。

第一条文案用了"良心建议"这个词，看起来是非常用心的表达，却是轻飘飘的词语。因为你的"良心"对别人来说并不重要，只有你写出你的"痛"才能唤起别人的情感压力，他们自然想一探究竟。

很多爆款文案都是牢牢抓住情感的内核，用各种方法去释放、展现，从而让读者接收到紧张感，接着被满足或被安抚，这样他们才会主动转发。

简单地说，释放情感的压力有很多种方法，最容易的方法就是把关于情感的词放在显眼的位置上，还可以巧妙地用一些唤醒的词打动读者的情感。

例如，"我就是看不起我妈妈，你和父母的关系还能抢救吗？"这里把父母和孩子的矛盾凸显得直白又紧张，"抢救"两个字就是活生生的"最后的挣扎"，饱满又浓烈的情感呼之欲出，谁能不想看呢？

总而言之，文案的情感非常重要，但也不能单纯诉说情感，而是要体现一种压力，形成紧迫、急切的感觉，要有情感的冲击力、压迫感。

（3）缩小认知的差距

▶ 历史好的女生太有魅力了，不要把生命献给无知。
▶ 心态不好的你，一定要狠狠读历史。

这两条文案自然是第一个更胜一筹，因为这里明明白白透露出有关认知的信息，并且增加了情感词"不要把"，还有正向引导词"太有魅力"，共同推动了这条文案的爆发，最后有18万次点赞。第二条文案则是提出建议，但读者对这样的建议看得太多，早就免疫了。

例如，文案"刷到这条视频，你离学会化妆就不远了"提到的这条视频的点赞量有42万次。其中除了方法的细致独到，更重要的就是封面上明明白白让读者看见成长，看见新知识，这样的话语让谁都会心动。

无论是美妆、母婴、家居、情感、健康、兴趣爱好等领域，还是知识类话题，缩小认知的差距这种技巧在创作中牢牢占据着非常重要的位置。这个时代就是信息和资源的不断交换，让人获得新知识，缩小认知差距的文案永远都受欢迎。只要博主的文案表达巧妙、有出彩点，就会超级受欢迎，成为大爆款。这种技巧最好是用在干货比较多、内容有很大独创性、让人很有收获的笔记里。

（4）撕开身份的标签

▶ 外卖陷阱，外卖小哥揭秘：长点心吧！

▶ 揭秘时尚博主购物渠道，好买不贵，告别代购。

第一条文案是外卖小哥亲自现身说法，把他看到的问题说出来，获得了 4 万次点赞。第二条文案因为博主本身就是行业的资深人士，主动撕开身份的标签，敞开心扉谈论核心秘密，当然超级有吸引力。

这里谈到的"撕开"并不是完全抛弃自己的身份标签，而是在某一篇笔记里放弃身份背景，只谈最核心的东西；或者解开身份，谈一下你对自己所从事行业的深度了解，这样就能唤起读者的认可和好感。

撕开身份标签的表达比较有难度，一方面对人设定位有风险，另一方面如果判断不是完全准确，也会引起争执。因此，这种做法只能是一种友善的揭秘和分析，不能刻意诋毁某个人或某个品牌。

例如，博主"高同学"用自己网购 300 件衣服的经验和吃过的亏，分享怎样在购买衣服时通过图片辨别哪些是实拍、哪些是作假。因为没有具体的指向，就是一些实操性强的经验之谈，所以成为超级爆款，获得 62 万次点赞。文案是这样的："挑战一条视频，得罪所有无良衣服卖家，实力避雷。"在整个文案的内容中，博主毫不避讳地说了很多自己身材的短处，并把有针对性的分析提供给读者参考。

所以，如果你有足够精彩的观点和看法，或者丰富的经验，不需要针对某个具体的对象就能谈论，完全可以大胆运用，效果非常好。

（5）抓牢受众的视线

▶ 文具店老板劝我赶紧删视频，0.5 元买同款，轰炸你的少女心。

▶ 各大文具品牌每个只推荐一个最值得的。

当读者面对这两条文案时，我相信他们的手一定会不自觉地点开第一个，因为这短短一句话就牢牢抓住了读者的视线。

"赶紧删视频""0.5 元买同款""轰炸你的少女心"，这几个短语都具有超强的吸引力，有情绪、情感、利益的充分暴露。读者面对这样的文字诱惑根本无法拒绝，最后有 10 万次点赞。

在文案写作中，抓牢受众视线是非常好的一种方法。但博主要面临一个很现实的问题，那就是今天的人们被铺天盖地的文字和图画刺激，早已变得麻木而松懈。博主想要让自己的文案锋芒毕露，必须下足功夫。例如，博主可以同时利用几个强刺激点，如利益、情感、情绪、认知、思维、人性等关键词进行多种组合，搭配运用，产生多层叠加的效果。这样的文案，没有人能拒绝。

还有一个技巧，即利用"高频词＋痛点"渲染情绪或情感，起到直击人心的作用。

例如，"少女的征途是成为富婆，如何花钱又省又幸福"这篇文案一开始就说，"虽然我挣得不是很多，但我很会花，能过得很爽"；并分成两个板块来讲，一是不要花哪几种钱，二是应该花哪几种钱，可谓逻辑清晰、条理明确，读者一看就被牢牢吸引住了。

更重要的是，"成为富婆"是高频词，"花钱又省又幸福"又直接踩准大众的痛点，两者搭配起来可谓 2×2 的效果。

"抓牢"这两个字看似普通，实则不简单。有一些博主经常用过分夸张的标题吸引读者，但容易引起读者的反感。博主真正应该做的是既能刺激读者的神经，又要说到他们心坎里，要有理有据、方法独到，加上封面出彩才能紧抓读者的目光。

（6）拨动读者的心弦

▶ 我被穷养长大，就不配摆脱穷病了吗？

▶ 如何戒掉骨子里的自卑感，想通这 3 点底层逻辑。

以上两条文案自然是第一条带着质问语气的更好一些。"穷养"本来就是大部分普通女孩的痛点，"摆脱穷病"也是这类女孩心中想说又不敢说的话题。这里巧妙地设问，既增强了力度，又表达了一种情绪，替她们说出了心里话，自然能引发更多读者点击。当文案内容写得还不错时，就很容易火爆起来。

虽然人类的悲欢并不相通，但情感和痛点的共鸣方式一样，就是每一个人都可以通过文字或语调敏锐地感知到背后的含义，唤醒与自己相关的回忆或经历。当博主换一个语气词或增加一种情绪时，就能立即点燃读者的内心。

拨动读者的心弦有两种方法，一种是展现痛点，另一种是借用"恐惧诉求"。

我害怕阅读的人。一跟他们谈话，我就像一个透明的人，苍白的脑袋无法隐藏。我所拥有的内涵是什么？不就是人人能脱口而出、游荡在空气中最通俗的认知吗？像心脏在身体的左边，春天之后就是夏天。阅读的人在知识里遨游，能够从食谱谈及管理学，从八卦周刊讲到社会趋势。甚至空中跃下的猫，都能让他们对建筑物防震理论侃侃而谈。相比之下，我只是一台在 MP3 时代的录音机，过气，无法调整。

我害怕阅读的人，他们知道"无知"在小孩身上才可爱，而我已是一个成年的人。我害怕阅读的人，他们的一小时就是我的一生。

我害怕阅读的人，尤其是还在阅读的人。

这段文案是知名广告公司奥美为一家出版社写的推文，多年来被奉为经典中的经典。这里完美利用了"恐惧诉求"唤醒人们对读书的认识，全文都在诉说作为一个知识浅薄的人面对别人有多恐惧，这样很轻松就拨动了读者潜藏在内心深处担忧自己读书不多的恐慌。

因此，拨动读者心弦就是用各种情绪和情感敲打读者的心理，激活他们的恐慌，从而让他们做出改变。

（7）满足他人的好奇心

▶ 海底捞隐藏吃法，0 元自制锅底。
▶ 海底捞最热门隐藏吃法，0 失败，亲测最好吃。

这两条文案都是推荐海底捞的多种吃法，都用到了好用又直白的数字"0"，都使用了满足他人的好奇心的文案技巧。但很明显，还是第一个更有吸引力。因为"0 元自制锅底"不仅让人好奇，而且利益展现得更直接。相比而言，"0 失败"就没有那么露骨的利益展现了。虽然"热门""隐藏""最好吃"这些词看起来不错，但因为太多人这样写，读者早就不"感冒"了。

由此不难总结出，满足他人的好奇心需要做到以下几点：展现强烈的利益、浓烈的情感、含金量极高的方法论或小众的知识等。总之，满足他人的好奇心并没有什么难度，相对而言比较简单，只要你的文案内容有干货或有独创性，就可以大胆运用这种技巧。

1.4 爆款背后流量逻辑与内容质量的比重

很多人都会有这样的发现：在小红书里粉丝量比较多的博主任意发一篇笔记都能有不错的阅读量和点赞量。不得不承认，任何一个平台都会偏重于粉丝基数比较大的博主。因为这意味着博主有稳定的输出能力、创作能力，能够持续创造内容，带给用户丰富的体验。

只有几千个粉丝的博主偶尔也能写出爆款，甚至成为大爆款，一举被推上腰部达人的位置。因此，有人说小红书的爆款是一门玄学，很难找准节奏，爆不爆全凭运气。

我认为这话并不准确，也十分消极。博主在粉丝量不多的情况下虽然偶尔会焦虑，但不要丧失信心。因为平台的算法和流量的走向由多种因素共同作用，其中很大一部分是人为努力可以改进的。

1.4.1 分解小红书的流量逻辑

实事求是地说，笔记能否成为爆款，运气起着一定的作用。因为有人做过研究，证明现代社会中有一种"运气动力学"。这是康奈尔大学经济学教授罗伯特·弗兰克（Robert Frank）写的一本书，名叫"成功与运气：好运与精英社会的神话"。该书告诉我们，任何人的成功都离不开运气。换言之，任何笔记的火爆都有运气的影子。

在大多数时候，小红书的流量逻辑与粉丝基数、账号权重、笔记权重、时机运气等多线关联，如图 1-8 所示。每一种因素都有不同的占比，这些占比也会时刻变化，共同作用于一篇笔记。

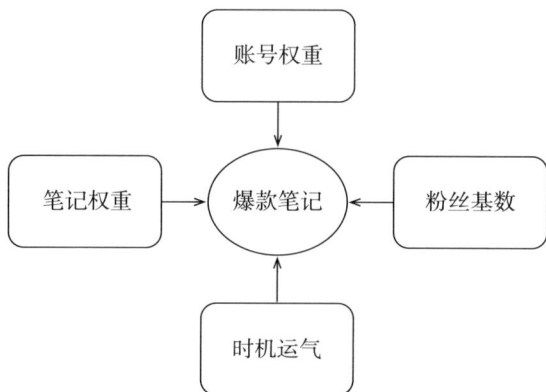

图 1-8　小红书的流量逻辑

在以上 4 个因素里，博主能掌握的就是笔记权重，而账号权重也会随着粉丝数量的增加而不断递增。我用以下公式展示这几者之间的关系：

爆款笔记 = 账号权重 × 笔记权重 × 时机运气

笔记权重 =（内容质量 + 封面标题 + 话题方向 + 关键词）× 互动率

互动率 =（点赞 + 收藏 + 评论）/ 观看量

简单地说，博主想要打造爆款笔记，提升笔记权重是关键。决定笔记权重的因素有很多，内容质量、封面标题和话题方向的完美搭配产生的效果只能相加，而互动率和时机运气的改变带来的效果则会成倍递增。

当然，互动率中的点赞、收藏、评论不会平白无故爆发，一定有一个契机。也许是因为内容、封面或话题让读者获得了不一样的体验，由此才会增加互动，带动笔记产生良性循环。

如果你决定成为小红书博主，在账号权重不够时，一定要把笔记权重的各个项目做到最好。等你的粉丝达到一定基数，账号权重带来的效果再乘以时机运气，就会飞速提升，带你快速涨粉。这就像滚雪球，开始时是最难的。

也许有人会问："可我无法掌握时机运气，该怎么办呢？"

其实，时机运气也是可以叠加、放大的。一般情况下，小红书平台对新注册就发笔记的用户更友好一些（如果你用旧账号就要持续更新，节奏要稳定且连续）。当你发布的笔记数量和质量持续稳定且优质时，即使粉丝基数不够高，但权重也会上升，也就是说运气会叠加。经过不断的累加，二者稳步上升，如果其他几个要素也保持一致，那就能产生成倍的流量。这就是为什么当你坚持发文一段时间，某一天流量自己就到了。在你意外惊喜的背后，这些都暗藏着规律。

关于时机运气，话题是否为热点、当前时段是否有敏锐的痛点等都是非常重要的因素。同时，博主也可以刻意靠近小红书的热点话题，主动抓住时机。例如，从小红书官方公布的笔记灵感中选择适合的文案话题，从小红书的"搜索发现"栏目里寻找当下流行的标签关键词，或关注小红书官方账号，多留意、多用心，你就能发现想要抓住时机并非一件遥不可及的事。

1.4.2 提升笔记互动的"三感一力"

时至今日，每一个互联网人的脑海中都装着几个非常深入的概念和词语，那就是价值、利益、成长。尤其是小红书被评为价值高地、"种草""拔草"的好场所。它一直深得各个品牌的信任，经常有品牌与博主合作，大量发布广告笔记来提升品牌影响力。可以说，每一名小红书博主都要把自己当作关键意见领袖（KOL）来要求自己。

因此，博主必须确保自己的文案能够起到以下作用：连接品牌与客户的关系、沟通信息、传递价值、增进感情等。这里的"品牌"并不单纯指品牌，也可以是博主个人、某个 IP、某个产品。最重要的是博主要搭好"桥梁"，建立从 A 到 B 的连接，达成信任。

那么，文案必须具备"三感一力"：价值感、参与感、获得感及共情力。这四个要素各自独立又彼此依存，既可以单独存在，也能同时在一篇笔记中出现。

（1）价值感

这是指内容层面的价值，可以分为情绪价值、认知价值、情感价值、学习价值、成长价值……就是从目标读者出发，聚焦于能给对方解决实际困难，以带来真实、有意义、有价值的收获为根本。价值感的完美呈现绑定着一个非常重要的内涵，那就是可复制性，即博主提供的价值对读者而言是有实操性的，读者能够将其中的方法复制出来使用，而不是单纯的价值展现。

这种笔记最好是条理清晰、方法明确，给人一种可靠又简单的价值体现。例如，博主写总结或清单式笔记时，要明确强调内容经过实践证明非常有价值，说明方法可复制，让读者能感受到真实和诚意。因为这种价值性带来的收获感一般也会唤醒读者想要评论、表达的意识。

（2）参与感

参与感在文案中占据着至关重要的位置，只有让读者都来参与，他们的认可度和共鸣感才会更高，这样能无形中增加粉丝的黏性。也就是说，博主要在文案中为读者提供一个可以即时反馈、互动交流的触点，能够带动读者更好地产生共鸣、发表见解，激发其内心的表达欲和情感。

很多时候，这个触点并没有想象中的复杂，反而是越简单越好，因为太难了会吓走读者。我曾经发布过一篇仿写的文案，因为仿写模板中有两个非常简单的句式："时而、时而"，就很好地触动了读者心中的写作欲望，让原本不敢写的人都参与进来仿写。最后，这篇文案的评论量提升了几倍，变成了爆款。

有些博主随便发一篇感悟笔记，点赞量虽然不多，但评论量却蹭蹭上涨，气氛十分热烈。甚至有些笔记的点赞量寥寥几百，却高达 1 万多人参与评论。这样的笔记能增加博主的账号权重。

（3）获得感

准确地说，这是一种情绪的满足感，与价值感有本质的区别。价值感重在体现利益，而获得感则是一种内在的愉悦和放松，或格局、眼界被打开。例如，普通博主发的在街头与明星偶遇的笔记，不管是视频还是图文都能得到不错的评论和点赞量。搞笑娱乐类笔记一般也有这个特点。

获得感看起来比较简单，实际上也正是因为简单，读者在评论时才没有压力，他不会担心自己说错话，可以毫无顾忌地发表见解。这能极大地提升文案的互动率。

（4）共情力

共情力就是让文字的情感具备引导、激发、打破、传递和安抚的能力。这就需要博主在创作中预先设想文字表达出来的含义会让读者有怎样的思考和理解，他们需要什么样的答案，会有怎样的行动。同时，博主还要在文案中给出安抚和理解的语言。

因此，博主在写作时要共情读者的内心情绪，用文字觉知、回应、关照他们的想法和判断；不能让读者因为你的表达而内心慌张，出现失落和焦虑的情绪。当你的文字给出了共情力时，读者自然也会回应，在评论区大量抒发感情，产生良性的互动。

总而言之，一篇笔记至少要体现一种要素，才能提升笔记的互动，否则读者根本不想评论。如果博主提供不了价值感和共情力，那就努力提升读者的参与感或获得感，激发其内心隐藏的冲动，给予他们说话的机会。

1.5 5 步实现文案的模仿、创新、超越

文案写作其实没有捷径，无论前辈或同行们如何宣传各种技巧，给出明明白白的公式让很多新人套用，但写作终究是自己的事。尤其是文案写作要兼顾平台、客户、产品、内容等多方面的因素，更是难上加难。

因此，写作者要学会借鉴他人的经验，用自己的眼光看世界。要知道，事物万变不离其宗，你遇到的弯路，前面一定有人走过，而且他们还找到了好的解决办法。你与其用力地挖坑凿洞，不如向周围的朋友模仿学习。

胡适说过："凡富于创造性的人必敏于模仿，凡不善于模仿的人决不能创造。"这句话说明模仿是创新的前提，先学会模仿就像孩子先学会走路，在看到更多世界、步子更成熟后才能跑起来。

文案写作的模仿有三个层次，第一层是外形模仿，第二层是思维模仿，第三层是内核模仿，如图 1-9 所示。

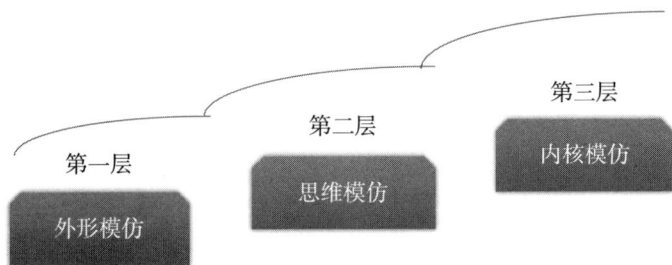

关键因素： 形似而神不似　　　一半有灵魂，一半没有灵魂　　技巧和方法相似

图 1-9　文案模仿的三个层次

也就是说，模仿是先从外形到思维，再到内化，三个层次是互相衔接的。只有经历了这三个层次，文案写作才能最终摆脱模仿，真正做到创新。接下来，我用著名的麦肯锡三层理论进行解释。

第一层外形模仿，就是从选题、图片、标题、排版等方向努力靠近爆款文案。这时写出来的文案就像一个"稻草人"，虽然有了爆款文案的外形，但皮囊和血肉都是"稻草"填充的，很难具备爆款文案的真正内容。这也是很多新手博主最初盲目模仿爆款文案的样子。但是，只有先扎一个"稻草人"出来，才能知道"人"的外形长什么样子，对各个"部位"的摆放和衔接才能有初步的了解。

第二层思维模仿，就是"稻草人"有了脑子，会思考，知道怎样"挥手"效果更好。这时因为带着自己的思想，模仿出来的产品一半有灵魂，一半没有灵魂。

第三层内核模仿，就是技巧和方法很相似，但内容是独创的。外形上表现为在部分相似的基础上有自己的特色，如标题的写作技巧、封面图的设计架构等。这也是当前小红书里大部分点赞量在 3 万次左右的爆款笔记的样子。

著名作家莫言说过："关于早期作品，都是模仿之作。当然模仿得比较高明，不是一字一句抄的，而是模仿人家作品的那种氛围、那种语言、那种感受、那种节奏。"写作初期，博主需要通过模仿掌握爆款文案的内核，并深度挖掘爆款文案的运行机制，洞悉到读者的喜好和需求之后才能融入自己的思维和技巧。

自媒体时代，所谓创新就是博主非常清楚读者想要什么，对他们的难点和痛点了如指掌，能够用自己的方法敏锐、快速地切中要害。这就是创新的根本所在。就像 Papi 酱曾在采访中说，她其实非常明白大众最喜欢的是什么，但就是不想每一次都那样去做，因为感觉太过于投机取巧，太迎合读者了，还是想写一点自己的东西。这就是真正的大咖博主在实现创新之后再度超越自己。

对普通博主而言，能够刺激读者的痛点，写一些能广泛传播的内容，这是其证明自己、表达自己、成为自己的最佳机会。博主要一步一步走得稳当、踏实，把每一种方法和技巧都研究透彻。因此，我一共总结了 5 个循序渐进的步骤。

1.5.1　找到目标，抓住关键

当你决定写一篇笔记时，肯定有了初步的想法或灵感，至少有一些触动。面对这些零散的思维碎片，你就要先提取关键词，一次写 4 ~ 8 个关键词。有了关键词，写作就有了大方向。

接着，你把这些关键词挨个拿到小红书去搜索，看别人写过的笔记有什么内容，选题的角度是什么。这时，你会发现有些关键词能关联到许多爆款笔记，有些关键词能关联到的爆款笔记很少。但这并不是说没有关联到爆款笔记的关键词就不值得写。也许别人没有写的笔记，你写之后，因为内容独特很可能就成为爆款。

博主可以先从点赞量比较高的爆款笔记开始学习，一次选择 5 ~ 10 篇爆款笔记作为学习案例。除了要学习爆款笔记的封面设计，还要研究图文和视频文案表达有何不同。每种类型笔记的封面重点有哪些？是突出痛点，突出笔记的内容，还是突出个人特色？以上所有重点内容和你的思考都要细致地辨别并记录下来。

对爆款笔记的学习，博主还要学习标题、切入角度、落脚点等。你在针对一个关键词研究了 10 篇爆款笔记之后，就基本上对爆款笔记有了初步且详细的了解。如果再研究 5 个关键词，也就是 50 篇爆款笔记，那么，你就会更了解爆款笔记的走向、读者的喜好。

这时，你也会对自己脑子里最初那些模糊的思维片段有了准确的判断，从而剔除一些不值得写的关键词，只保留一些更符合传播逻辑的关键词。

接下来最重要的一步，不是立即开始你的模仿，而是研究那些点赞量很少的笔记，看这些笔记有同样的关键词，为什么阅读量却这么少。查看封面、标题、内容的展现方式等。这一步是为了避免犯同样的错误，因为要完成模仿爆款并不是一件简单的事，最初只能做到少出错。

经过上述方式的学习以后，你就能准确找到几篇自己打算模仿的笔记范文。这时，你再根据前面留下的关键词找出最打动你的地方，或最有感触的角度。

以我曾经写的房琪文案拆解作为案例来分析。首先，我看过大量的房琪文案拆解笔记，发现有些笔记写房琪对风景的描写，有些笔记写房琪关于底气和成长的见解。我根据对自媒体的了解迅速判断关于底气和成长的内容应该更受欢迎，于是我就确定了自己的方向。

1.5.2 确定核心，巧妙切入

上一步确定核心的关键词和文案的模仿角度，接着博主就要用自己的方式和语言表达观点。这里最重要的是巧妙切入，不落俗套，不要人云亦云，不能写出来的文字与模仿的范文一模一样，或者只修改一些关键词。这就不是模仿，而是抄袭。所谓模仿不仅文字不能一样，表达也要有博主自己的逻辑和思维。

有很多新人分不清模仿和抄袭的区别，下面我做一个详细的案例说明。

例如，房琪写：
"我们喜欢盛夏，也许就是因为它和青春一样热情又浓烈吧。
开心和惊讶都会在明媚里被放大，
懵懂的暧昧，也最容易在海边的夜晚发芽。
比起成为不被定义的疯，我更想成为不被定义的盛夏。
这是可以拥有浓重色彩的季节，就像这片晚霞。"

很多人会这样仿写：

"我们喜欢春日，也许就是因为它和青春一样稚嫩又热烈吧。

开心和惊讶都会在阳光里被放大，

懵懂的暧昧，也容易在榕树下的夜晚发芽。

比起成为不被定义的人，我更想成为不被定义的自己。

这是可以拥有浓重色彩的季节，就像这片花海。"

而我是这样仿写的：

"我们喜欢深秋，也许就是因为它和母亲一样温软又平和吧。

难过和孤独都能在被包容的那一刻释然。

任性的放肆，不过是为了让心情停歇。

比起寂寞惆怅的秋，我更想用甘甜和怀念来记忆。

这是可以等待的季节，就像风漫步在云端。"

从以上两篇仿写文案很容易就能看出来，第一篇仿写文案并不是严格意义上的模仿，很多字词都与原文一模一样，整体没有属于博主自己的独特思想，只是一种直白地跟着模仿对象来写的描述句。这就是前面讲的第一层外形模仿。

而我的仿写文案仅仅只是格式上与房琪的文案相似，内在有我自己的情感表达、韵味，以及语言和思想都是流畅、独立的。这就是第三层内核模仿。

模仿的前提是博主要有自己的思想，只是因为你在初期不知道用什么技巧表达，需要借用别人的表达范式写自己的观点和文字。

因此，要做到巧妙切入，最根本的一种办法就是博主在写作时关掉一直模仿学习的文案。因为你已经研究过很多次，想要学习的东西早已不知不觉钻进脑子里了，如果写的时候不停地看，就容易变成抄袭。

这时，博主把想写的内容先用自己的语言和逻辑表达出来，不管好不好，统统都写完，然后在其中挑出亮眼的句子，定义为核心表达思路。

我确定了自己的仿写方向后，也因为大量的学习借鉴，还得出几个核心。第一是封面要用房琪的照片，要美丽一点，画面感要好看一些。第二是既要分析房琪的文案，还要多一些仿写练习，不仅是单纯的拆解。这样我就确定了自己的笔记每一篇都要有句子仿写。

1.5.3 增强体验，内核有力

有了前面写的文字，就有了初步的雏形。当你发现这些文字不够好、看起来与爆款相差很远时，不要着急，也不要灰心。这时，你仔细检查那些核心的表达思路，再联系自己或朋友的生活经历，看是否有相关或类似的案例，或马上看新闻，找一下最近是否有相关的事情发生，这些都可以巧妙加入你的文案里。

例如，你想写"30 岁以后女生容易胖，要多健身"的文案。写完之后，刚好发现最近有一个运动会要开了，你就可以巧妙地把它作为引子放在前面，然后搜索运动员健身的资料，看能不能借用一点经验到普通人身上。当你真的用心去找时，一定能找到一些东西。你再根据自己的理解，把从运动员身上学到的方法分享出来，给予普通人启发。

写完这些后，你会发现这篇文案与之前模仿的爆款文案相比有了本质的区别。你的引入方式是独家的，你的经验和见解也经过了充分的验证、有真实的来源，只有你的表达技巧和行文思路才是模仿爆款的。

因此，文案模仿的核心就是要增强体验，恰当融合身边人的故事和经历，让你的分享独一无二，而不是跟着别人写一些寡淡、重复的文字。同时，因为前面的学习和研究，你还学会了封面和标题的表达技巧，就要灵活运用在你的文案里。

我找了一篇房琪谈论女人底气的文案，做自己的拆解模仿对象。我开始写的文案结构和爆款文案的结构一样，都是从开头、中间、结尾做结构分析和金句仿写。虽然结构相似，但我写的内容完全是依靠自己多年的写作经验和技巧做出的分析，仿写也仅仅借用了原句的格式，内容都是自己的感悟和观点。

虽然有些爆款文案的仿写语句与原句相比差不多，但我不会这样做。这时，我的仿写文案整体质量比较高，阅读量已初步有起色，但还没有足够的亮点。

1.5.4　总结经验，学会包装

接下来是要学会包装，并融入个人的经验和特色。经过前面三步后，你的文案基本已经成型，并且有了一定的独创性，但包装还远远不够，能不能成为爆款无法预料。这时，包装技巧当然有很多，标题的表达、封面的制作等都是需要注意的地方。这里谈的是文案内容的包装。

第一个技巧：细分关键词，写出金句。

首先，对写好的文案重新提炼几个关键词，最好与原来的关键词有一些区别。如果发现与之前的关键词一样，那就要做出细分。其次，按照这些关键词寻找名言名句，看能不能用上。如果找不到也没有关系，你可以借用自己看到的相似的语句或有感触的语句，然后对这些关键词进行仿写，写一两个金句放在文案的结尾。这样瞬间提升了文案的质量，增强了文案的感染力。

第二个技巧：总结经验，创造自己的写作范式和技巧。

你在模仿爆款文案的过程中，一定会发现按照爆款文案的范式和表达技巧写自己的文案总觉得有一些别扭，这很正常。在写完一两篇文案后，你就要总结：这样的模仿，优点在哪里？缺点在哪里？觉得别扭的地方该怎样改进？因为你之前加入过真实的经历，发布后读者的反馈是什么？

经过总结，你就得出了一些属于自己的经验和判断。这时你再创作文案，就要刻意减少模仿的比例，更多加入自己的方法。经过不断的实践调整，最终就能形成独特的个人的创作思路。

例如，我前面写的关于底气的文案效果不太好。写作中，我也感觉到，其实房琪写景的语言文字更好，而且我自己也比较擅长这类语句。那么，我不再按照之前的拆解格式，而用自己的方法开始更多模仿写景的金句；还专门对房琪的文案进行语句结构拆分，提炼出极易入手的语句仿写模板，让读者一起仿写。

如此一来，我就完全放弃了最初模仿爆款的范式，独创了更适合读者的房琪文案拆解范式。而且，我在很多留言中看到读者的评价都还不错。渐渐地，最初的爆款文案写作者也模仿我这种范式了。

1.5.5 保持个性，始终如一

前面四部分非常详细地讲解了模仿爆款文案的创作步骤，做了细致的分析和案例讲解。你只要按照这样的方法刻意练习几篇，一定会有很大的收获和成长。

接下来是最重要的一步：保持个性，始终如一。也就是说，你要从始至终地体现你的能力和水平。例如，你是谈论美妆知识的博主，就要在美妆行业确定一个细分领域，找到你最擅长、最独特的那部分，并在此基础上刻意与你的前辈和同行形成差异。

博主需要保持的个性可以是经过验证的独特经验、巧妙的角度、敏锐抓取痛点、干货分享等。在以上几点的运用过程中，你觉得哪种最顺畅，就多实践、多运用，效果也会更好。等你越来越熟练、达到炉火纯青的某一天，自然就会写出爆款文案。

此外，如果你的账号上某种类型笔记的点赞和收藏更高一点，那么你一定要抓住这种类型，创作更多笔记。系统会判断这种笔记受人们喜欢，并持续推荐。

依然用上面的案例来分析。我写了几篇笔记后，发现其他爆款文案的标题都是"跟房琪学写作"。经过思考，如果我也这样写，就没有体现差异性，读者会认为是一样的内容。于是，我就把标题改成"千万不要跟房琪学写作，因为太太太赚了"。

因为这个改动，既与其他文案形成了反差，还体现了情绪和利益，自然更加吸引人。读者点进来后发现内容也非常好，收获很大，我越来越多的笔记就这样火爆起来。

综上所述，文案的模仿、创新、超越需要慢工出细活，博主不能操之过急，也不能轻易放弃，而是学习方法，在实践中灵活运用，通过不断地改进和完善练就自己的武功。

第 2 章

平台、博主、文案之间的平衡与较量

今天，因为便捷的媒体传播，人们对信息的细微感知能力越来越弱，所以你可能早就觉察到全网出现的超级爆款文案越来越少。但是，爆红的人物却越来越多。不论长相、身材、家境、学历，只要你有突出的地方，能够抓住时机，就有可能一炮而红。例如，56 岁的苏敏阿姨，以及张同学、小杨哥、不刷题的吴姥姥等。

也许你觉得自己一点突出的特质也没有，但是这并不影响你成为博主，写出受人欢迎的文案。你只需要找到平台与文案之间的平衡，最大程度地激活自己的亮点。简单地说，如果你有拍视频的优势，就不要用文字的方式呈现；如果你对自己的外貌不够自信，那也要来小红书，在这里发图文也是不错的选择。

现在，用户体量最庞大的几个自媒体平台，抖音和微博是开放的，微信公众号却相对封闭一些，只有小红书兼容并蓄、有原则、有偏爱。我认为小红书的原则是友好真诚地分享，不厚待"老人"，不偏爱"网红"。

我曾看过一篇分析文章，谈论李佳琦曾经的助理离开后从小红书做起，但几个月都没有做出理想的成绩，转头从抖音开始做，很快就成为头部。因此，丰富的经验在小红书不一定有用，青涩的表达一样有发挥的空间。

我认为博主们在小红书上发展，应关注 4 个侧重点，如图 2-1 所示。

图 2-1　小红书的侧重点

那么，普通人在小红书做博主就是要找准定位、做好人设、勤勤恳恳地耕耘下去，坚持就能看见曙光。

2.1　爆款文案与博主人设的关系

对于"人设"这个词，谁都不陌生，也并不是很多人认为的贬义词。你可以将其理解为自媒体新装，没有实体，但有明显而亮眼的标签和感知，同时也不可或缺。当你打算做博主时，你就要给自己设计一件合身、美丽、有辨识度的"服装"，并一直穿在身上，以便让读者能够准确找到你的优势、发现你的特质，迅速建立对你的信任感。

那么，爆款文案与博主的人设有什么联系呢？应该说，人设影响爆款文案的传播和分发。如果博主的人设足够出彩，丰富立体的形象会加速文案获得点赞、评论、收藏。在读者眼里，原本干巴巴的文字会因为人设的巧妙展示、鲜活的语言、动人的画面表达而让读者感觉真实触摸到了博主本人。因此，人设会带来笔记黏性的加倍提升，增加笔记的权重，形成正向反馈，并带来更多流量。

2.1.1　修复人设缺点的 3 个文案技巧

试想一下，读者打开小红书，首先看到的是一篇篇独具特色的笔记。当他被某篇笔记的内容打动时，他才会进一步关注博主的主页，了解博主的简介。在被简介吸引之后，读者会进一步看更多笔记，想要更全面地了解博主。

从某种程度上说，简介是博主人设的补充，但并不是全部。真正影响博主人设的要素一般有 7 个，如图 2-2 所示。

这 7 个要素可以分为两个层次。名字、身份、简介是直观而具体的，属于固化层，相对稳定，不会发生太多变化。这些要素一般也不需要进行过度包装，只有一个原则——真实。后面 4 个要素是深层次的组合拳，属于活跃层，时刻都在变化，有无数种展现的方式和技巧。而且，你很难单一判断，必须把它们共同连接起来，才能决定博主的人设展现出来的效果。

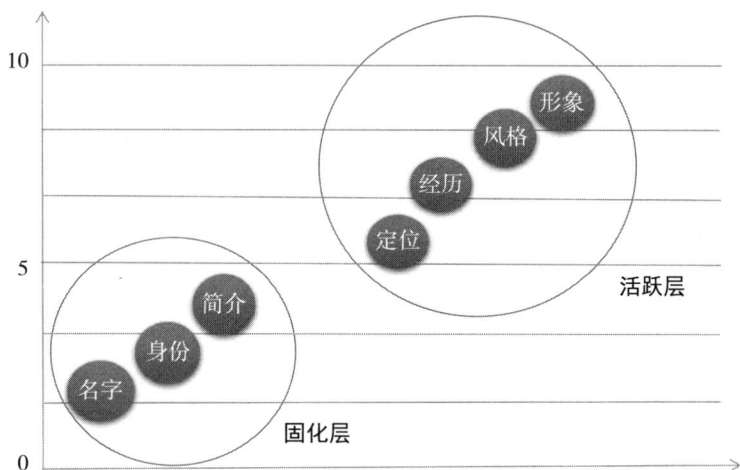

图 2-2　人设的 7 个要素

　　给影响人设的要素设定相应的分值，从低到高为 1 ~ 10 分。名字、身份、简介这 3 个最直接的要素，单项分值一般在 5 分以内，起到最基础的作用，就是为了让读者知道你、了解你。

　　如果你想要有更高级的人设标签，在庞大的博主群体里有更加亮眼、独特的标识，就必须将活跃层每一项要素的作用尽可能发挥到最大，展现你的人设穿透力。这几个要素构成了有机的整体，很难分开，如果一定要排序，那么从大到小依次是形象、风格、经历、定位。

　　在大多数情况下，同一个细分领域的博主的定位差别不大，只能依靠其他 3 个要素做出差异化。如果博主本身的经历丰富且独特，个人风格的表达有趣、有价值，那么脱颖而出的可能性就更大。同理，假如博主的个人形象再好一些，则会加分更多，更容易获得大众的喜欢。

　　以上都是理论探讨。事实上，读者也是普通人居多，他们往往会不知不觉地对普通人做的事产生更多共情。当他看见和自己一样不够自信的博主因为坚持做某件事而变得越来越好时，他就会自动代入感情，甚至成为博主的铁杆粉丝。

　　因此，博主要梳理属于自己的优势，从某一个方面着手，塑造良好的口碑，也能让人设丰满、真实，非常具有价值。最简单的方法就是在个人风格上下足功夫。个人风格包括表达能力、审美能力、文字展现力，是由视觉和情感共同营造的一种记忆符号，也是读者首要接触的信息标签。假设你偏向于图文，就要在文字里流露出鲜明、真实的个人印记，产生吸引力；假设你偏向于视频，就在个人形象的展示、动作和语言上设计出属于自己的扬长避短的原则。

　　娱乐博主"奥黛丽厚本"外形微胖，身高一般，不符合主流审美的白、瘦、美条件。但是，她有非常突出的优势，表演能力、模仿能力超一流，搞笑娱乐的类型非常适合她。

　　在个人风格上，"奥黛丽厚本"做足了功夫，所有服装都选择十分可爱、宽松的娃娃款，或带着纱裙头饰的古装。加上她的表情展示，搭配自嘲的文字和语气，不仅能很好地弥补她身材的不足，同时也把原本的缺点变成了独具特色的个人亮点。

　　其实，每个博主一定都会有自己擅长或相对欠缺的地方。而人设的本质就是学会包装，最大程度地展现优势，同时也要巧妙地将劣势变成一种特质，并用这个特质让读者共情、产生黏性。

要知道，建立人设，不代表全部用虚假、空泛的东西来包装。这样的人设只是空中楼阁，迟早会崩塌。如果博主借用文案的表达小技巧，把劣势或问题灵活改变成一种特点，那就能在千篇一律的人设模板中崭露头角。

（1）痛定思痛

所谓痛定思痛，就是你承认自己有某个问题，曾经犯了什么错误，但你并不想就此摆烂或躺平，你要爬出这个"坑"并站起来。

例如，你可能因为各种原因读书不多，文化水平不高，但现在想改变。与其苦苦思索自己有没有亮点，不如直接告诉读者你的过去、你现在意识到的问题、你想要改变的目标和具体行动。

而且，你可以简单总结一段开场白，在每一篇文案里都提到，这可以让读者对你的人设立即有清晰的了解。这种真实而坦然的人设往往具有强大的共情力。无论看你笔记的人是否有和你一样的经历，一旦被触动，他就会关注你并产生好感。

这样下来，一系列选题有了，个人风格非常清晰明了，再搭配名字和简介，人设标签自然就会凸显出来。

这种技巧同样适用于家居、美食、美妆、健身、教育等博主，前提是你要对自己进行整体的梳理，真正认识到问题并下定决心做出改变。

（2）自我拆台

为什么是自我拆台呢？因为人类的情感会对主动展露弱点和缺点的人带着天然的滤镜。

人人都会有疲惫难过的时候，在你无助的那一段时间里，心情不好，做错了事，那就把这不好的部分展露出来，说出你的感受和痛苦。更重要的是明确地表达你为此做出的努力和拼搏，要让人看见挣扎的过程，这样会带给读者强烈的共鸣。

例如，你曾经以为自己读书学习很厉害，想用两个月考一个证书，但没有考下来，才发现原来自己很普通，耍小聪明根本不行。你可以写自己明白了一个什么道理，以后打算怎样改正。

这种人设的包装可用在读书、知识、职场、美妆、时尚等领域，具体的表达方式需要博主多摸索练习，找到最好的角度。就是说，不要把自己包装成神一样的人物，反而是你偶尔的脆弱会更让人相信和依赖。

总之，你可以自我拆台，但一定要用行动填补回来，还要在文案中体现你的决心和成长的过程，不能摆烂或放弃，而要让读者从你身上看到希望。

（3）优上加优

优上加优是指你可以说出自己的优秀，但你更优秀的地方在于分享和帮助他人。

喜欢无私分享的人在哪里都十分受欢迎，自媒体平台也是如此。因为有些博主的确很优秀，无法利用前面两种技巧来凸显特色，那何不巧妙变换一下，把你的优秀坦诚告知读者，同时强调"我虽如此优秀，但在这里做博主是为了分享经验和方法，让更多人和我一样变得厉害"。

有很多教育、美妆、育儿、兴趣爱好领域的博主不自觉就用了这种方法，但有些人能获得极大认可，有些人则无法得到更多好评，原因就在于分享的干货多不多，内容是否有独创性和私密性。

对于优秀博主，读者不希望看到简单又平常的东西，而是需要稀缺性和价值性更高。如果你分享的是一些不需费力就能得到的内容，而且你又不断强调自己的优秀，这会让读者觉得你在显摆，容易适得其反。

总之，当你觉得自己身上毫无亮点、找不到人设时，你可以巧妙借用以上小技巧来设计文案，让自己的人设通过润物细无声的方法塑造在读者的心中。

2.1.2　塑造鲜活人设的文案 4 要素

人设的重要性对于自媒体人不言而喻，那什么样的人设才是好的人设？人设的判断标准又是什么呢？

简而言之，人设没有好与不好，只需要符合博主的账号定位和个人风格，能够更好、更全面地展现优势和亮点。

博主务必要重视一点，那就是人设代表一个个鲜活的人，不是呆板的文字机器或镜头前的纸片人。只因为用一定的文案写作技巧能够把人设塑造得更鲜活，让你的情感、内心语言因为突出的人设衬托而变得更有感染力和穿透力，能像箭一样一击即中读者的情感，牢牢粘住其内心。

对读者来说，接触到博主的首要印象是由笔记的 4 个要素决定的，包括标题、封面、人物、语气。在写作中，这些要素决定了一篇笔记的基调和内核，也在很大程度上影响了这篇笔记能否爆发。

（1）标题

在自媒体平台，标题几乎决定了文章的生死，尤其在公众号、头条号等相对封闭的平台。对小红书来说，标题的地位依然不可撼动。因为小红书有笔记标题和封面标题共同呈现，多了一次机会，那么博主不能放弃任何一个。

封面标题和笔记标题应该形成互补，共同营造和说明笔记的亮点。博主不仅要学会写标题，还要利用标题形成强烈的辨识度，让人设更饱满和立体。

①恐吓式标题

▶ 真的不要超前消费，后果你预料不到！

▶ 这些东西千万不要混着吃，家长一定要注意！

有相当一部分博主喜欢用这种方式写标题，这就是巧妙借用人的恐惧心理。虽然恐吓式标题用起来效果较好，但一定要与内容有强烈的关联，不要标题党，否则会事与愿违。

恐吓式标题带着强烈的个人情感，比较容易唤醒读者的内心。博主在运用时最好从问题的严重性说起，解析自己看到的问题，让读者有收获、有反思，这样有利于建立精英人设。

②**劝诫式标题**

▶ 低工资的女生就应该狠狠搞钱！

▶ 必看，给普通女生的七大变美建议！

人们常说，劝解一个人需要技巧。在文案中也一样，如果博主在劝诫时谈到的问题不痛不痒，那么读者会想："我为什么要听你的建议？"

这种标题比较适合用在很有痛点的选题上，如熬夜、喝酒、不吃早饭、透支身体等与生命息息相关的事情，效果会非常好；也十分适合用在与利益相关的话题上。总之，想劝解读者，博主就要深度思考，写出好的方法让读者认可。

③**呼唤式标题**

▶ 自控力差的人，请你赶紧放下手机！

▶ 跟我一起坚持自律30天，脱胎换骨！

文案用呼唤别人和你一起做事的标题，因为比较温和，相对没有使用其他技巧的标题那样容易成为爆款。但是，假如你的身份很专业，表达的内容非常稀缺或者大众正迫切需要，你就可以用起来，说不定能达到非常好的效果。例如，医生、心理咨询师、营养专家、学科老师等运用这种技巧对自身人设的塑造就能带来非常好的黏性。

④循循善诱式标题

▶ 每天都很焦虑怎么办？有这一招就够了！

▶ 刻意练习这些心态之后，过得有多爽？

循循善诱式标题虽然看着不起眼，但能切中每一个人的情感需要。运用这种标题的核心就是博主把自己当成"妈"，想想读者最喜欢、最想要的是什么，怎样才能让他们感受到这份关心，接纳你的建议和内容。

毕竟在网络上能够感受像"妈妈"一样的温暖挺难得，博主可以根据自己的年龄和定位综合决定。如果是年纪比较大的博主，用起来应该很不错，用得好的话就能不知不觉塑造一个亲和、温暖的人设。

⑤掏心掏肺式标题

▶ 性格太软弱的人，一定要疯狂做这 6 件事！

▶ 求求你们了，职场中千万别做这些事！

掏心掏肺式标题很好用，无论哪种类型的博主都适合。前提是博主的见解和发现非常有参考价值，讨论的事情和道理能真正契合人心，让读者产生强烈的震撼，给予其很大的收获。这样读者才会真正认可博主，同时对博主人设的饱满立体可以加分，还有助于博主建立学霸、高知的形象。

⑥**意外转折式标题**

▶ 有的人虽然基因一般，但运气绝了……

▶ 坚持10点睡觉两个月后，我竟然被18岁的男生叫同学！

意外转折式标题的创作难度比较大，因为很难找准转折点，并且一定要有合理的契机和原因。如果博主突然悟透了某个道理，或者打算改变自己的错误，在这种内容上用起来会更好。通过一定的反差和转折，吸引读者好奇地点进去一看究竟，同时也会对博主本身有进一步的了解，间接引导他们关注。

⑦**信息超量式标题**

▶ 做完这20件事，突然就不浮躁了！

▶ 给迷茫期女生的10条必看建议，自律变优秀！

很多清单式或建议式的笔记喜欢用这种标题，就是博主给出非常真诚的建议和方法，一条一条地具体而明确，有强大的信息增量。例如，在网上买衣服的注意事项或读书学习的各种建议。这种标题也可以用在时尚、家居、职场等领域，都会产生不错的效果。

⑧**定位式标题**

▶ 专科生一定要看，信息闭塞真的会致命！

▶ 有奇效，麻烦大数据推给所有宝妈！

有一些标题喜欢定位人群、年龄或身份，这样能吸引同类的人，带来更精准的读者，以便后续的变现。可以说，喜欢用这种标题的博主有非常清晰的目的，知道自己要什么，不容易受到外界的影响。

当然，有些选题范围刚好适合选定人群发布，对其他人群的意义不大。这种标题的缺点也很明显，就是圈定受众之后范围会更狭窄。它的好处就是能以短促有力的方法快速展现博主的观点、能力、经验，有更强的吸引力。

⑨**情感爆发式标题**

▶ 不做受气包，如何正确翻脸？

▶ 突然情绪崩溃后，我做了什么？

情感是永远不过时的话题，这样的标题运用起来能轻松获得读者的好感。而且，抒发情感能更快抓住人心，有利于笔记被打开，提升阅读量。但情感要有感而发，有一定的冲击力，不要矫情又乏味。

一般情况下，用愤怒、崩溃、恐惧、焦虑、无助、难过、悲伤等负面的情感词更有吸引力。当然，正向积极的情感也可以，只是相对没有那么强烈的冲击力，因为人的本能会对压抑的情感更关注。

相对而言，这种标题比较适合喜欢表达、情感丰富的小女生。而对于性格冷静、优雅温婉的人设就不太合适。很大程度上，用这种标题能让博主的人设鲜活、真切。

总之，通过标题只能潜移默化地打造人设，并不会一劳永逸。这只是博主给予读者的第一印象，心理学上叫作首因效应，对人设的建立非常重要。对博主来说，一种标题技巧尝试一次无法看出效果，要多次尝试才知道是否适合。多磨合、多修改，人设就是这样一点点建立起来的。

（2）封面

在小红书里，封面的排版、色彩的搭配都能侧面证明博主对人设和账号的运营情况。读者既能看出博主的态度，还能看出博主的个人审美和情趣。

有些博主的主页和封面极其统一，就是一样的封面图片搭配不一样的标题而已；有些博主的封面每次都不一样，因为图片尺寸不同，笔记排列不整齐，导致主页看起来有点乱，整体呈现给读者的感受很不一样。

有一个事实就是百万粉丝以上博主的笔记封面通常都极具个性化和人设化，辨识度极强，能最大程度地凸显其个人优势和内容亮点，总是在众多笔记中鹤立鸡群。而对大部分普通博主来说，因为精力和人力的限制，不会考虑这么周全。所以，我总结了几个打造个性化封面的技巧。

①文图互补

有人说小红书的爆款笔记封面以拼图形式居多，但我认为小红书笔记的封面最好是多样而高级的。最直接的一种方法就是文图互补，图片上表达的意思能够和标题形成很好的补充，加倍吸引读者。例如，知识类博主想要写因为自律考取了某个证书，图片可以是证书的封面或努力看书的过程，标题再来有效地补充，让读者直观、清晰地看到效果，非常想探究真相。

文图互补并不止这种展现形式，还有很多暗藏的机关。例如，博主拍图片不拍全，故意留一半；或特意选择与标题相反的画面，但又有一定的关联，调动读者的好奇心。总体而言，文图互补需要博主多改变、多运用。

②潜藏故事

潜藏故事是很多美妆、家居、美食、娱乐博主经常用的一种方法，就是封面图片有明显的故事要素。主要表现手法是一个人或几个人在一个地方即将做某件事，再搭配文字，仿佛要诉说一个故事，这样能产生强大的吸引力。例如，一个看起来很睿智的人物手握一杯咖啡站在某个地方，标题这样写："人生的建议，千万不要相信任何人。"

潜藏的故事画面可以真实，也可以借用网络，甚至影视剧都行。博主需要注意的是这样的画面要有美感、有内涵，并且要有足够强的独特性和意味深长的感觉。

③对比抓人

你在小红书一定看过，一张封面上有两个看似一样却又不完全一样的人物。这种对比抓人的封面制作手法被大量运用，情感、育儿、兴趣爱好、职场、美妆领域等都能用。

这种对比可以是图片的对比，也可以是细节和结果的对比，只要能凸显前后的巨大反差。更重要的是对比抓人对图片的质量要求比较高，细节要做到位；要求事件或过程必须真实可靠，文字的标识也不可或缺，共同形成深刻的含义。例如，美妆博主用两张图片展现化妆前后的巨大反差，刻意用文字传达因为化妆带来了某种意想不到的改变，这能激发读者的好奇心。

当然，如果博主能在图片上形成统一的风格，巧妙变换文字，组成连续的、有故事的人设形象就会更好。

④巧借他力

其实，你对这种技巧根本不陌生，因为你一定在小红书看到很多人用过。例如，一张明星或美女的图片搭配与之毫无关联的文字标题，这种反差最能吸引人。

巧借他力也不一定要形成反差，还可以用美丽的图片和文字含义正面搭配，形成非常好的格调。只要二者能够巧妙配合，读者就会认为博主的审美能力、欣赏能力非常高。

此外，用图片和文字还能共同表达一种情绪，借助图片对不能直接言说的含义给出暗示，刺激读者的神经，让其产生点开看的欲望。

⑤信息冲击

信息冲击就是用大量信息俘获读者的目光和内心，育儿、知识、读书、教育类博主都特别喜欢用这种方法。这种信息冲击需要注意画面简洁有力，要美好而具体，切忌用空泛的知识点。

信息冲击的方法因为用起来比较简单，所以使用的人很多。但是，如果没有高超的作图技巧让画面看起来足够出彩，也很难在小红书笔记的海洋里做到头浪。

⑥简单直白

有时笔记也可以用简单直白的方式展现。例如，直接放出与别人聊天的画面截图，再用恰当的文字标题形成一个整体，做到有故事、有态度、有秘密，也能非常亮眼。

这种方法的核心是因为内容的亮点需要直接了当地展现，与文字搭配起来表达得当，能够有冲击力、爆发力。例如，有些教育博主用收款的截图，有些美食博主用做好的菜的照片，这种直白的画面如果足够吸引人，效果会很不错。

这里有一个核心点要注意，简单不代表可以没有美感、无核心价值，而是一定要体现简单中的与众不同。

（3）人物

不管封面上是否有真实人物出镜，人物的含义都深藏在笔记中。也就是说，"人"是一切文案的根本，笔记也是给人看的，这个"人物"无处不在，是一切表达的对象。

这里的人物有接受对象、输出对象两种，如图 2-3 所示。

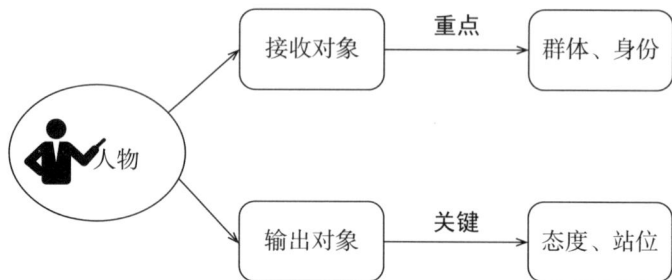

图 2-3　文案中的人物

　　首先，博主要假设笔记的接收对象是谁。例如，你的定位是育儿博主，那么你的接收对象就是宝妈。宝妈们喜欢的内容和封面都会是什么样的呢？你要换位思考，用日常观察和自己的经验做出总结，得到几个大概的原则和触点。

　　其次，你在写文案时，要想象这篇笔记是写给新手宝妈，还是想和某个群体的宝妈一起探讨经验？也就是人物对象要具体而真实。这样的写作就像面对一个个活生生的人，你写出来的文字也会饱满丰盈。甚至你还可以思考：写出来的这句话，对面的"人物"看到后会有怎样的反应？

　　我在写这本书时，就想象书的阅读对象是很多对新媒体写作怀有热情但缺乏基础的人，内容要知识量充足、由浅入深，带领很多不敢动笔的写作爱好者从新手变成文案高手。因此，我把每一点都写得具体而细致，剖析了平台和人设等多个方面，并且独具见解。

　　博主有了写作对象，写出来的文字有情感和情绪，做出来的封面与文字标题的搭配就会更合理，快速切中目标人群的内心。

有一些博主急于写笔记，但又觉得很盲目，内心一片空白，就是因为心中没有"人物"这个概念，没有想好到底要对谁表达，不知道该从何着手，即使贸然下笔也容易走偏。

可以说，圈定"人物"的写作方法用于营销笔记的效果最好。因为营销笔记与博主平时发的笔记有根本的区别，目标人群非常明确。博主在写作时，最好全程想象自己的接收对象，体会对方的内心感受，写出来的文字才会更有感染力和温度。

同时，作为输出对象，博主的态度和站位也十分重要。因为首先有了明确的态度和站位，然后才能有充沛的感情，文案就可以写得活色生香，不会寡淡无味。

著名文案人李欣频给诚品商场写文案时有一个核心的原则，即先设定好阅读对象，想象他们的生活和心态是什么样子，而她自己和读者站在一起，并肩而立去感悟和思考读者的内心，再来写作。

最后强调一点，博主要根据自己的人设确定自己的站位，尽量避免用上帝视角说话，最好的角度是和读者做朋友。

（4）语气

语气是决定语言表达情绪的重要因素之一，能够极大地表达思想感情的运动状态、色彩和分量。这与小红书笔记都是一个个真实的人分享生活经验刚好不谋而合。

博主稍微留心，就能发现很多爆款文案的文字有强烈的语气。这种语气可以与情绪词搭配，也可以单独使用，能够形成一种语言的张力，不会让文字显得平淡无味。

可以说，文案的语气就像往平静的湖面扔一颗石子，让水泛起涟漪和波澜，才能吸引读者的注意，否则就是一潭死水。同时，语气能帮助博主快速建立情感充沛、有精气神的饱满人设，让博主的标题和封面有明显的辨识度和弹性。

2.1.3　写出高级人设的 5 个文案场景

什么样的人设才能算得上高级？当然没有标准答案。这里强调的高级是指通过一定的方法将原本普通的事和人拔高，以使笔记看起来更有吸引力、竞争力、爆发力。

做任何事都需要一定的方法，写作是如此，博主人设的打造也是如此。在每一个平台上，百万粉丝博主都会自己总结经验，日复一日地摸索、提炼出一套人设的打造方法，并炉火纯青地运用在每一个细节和关键位置上。经过时间的浸染和足够的打磨，这些人设就逐渐成了博主的一件真实外衣，也许他自己都感受不到，但已经很难脱下来。

对于普通博主来说，人设打造是颇为困难的一件事。因为经验不足，写作技巧不够，运营思维欠缺。如果你只是一模一样地呈现所谓真实的自己，就不是合格的自媒体博主。因为读者早已在生活中看透了普通又真实的自己，他们需要通过网络寻找与自己类似但又闪着光的博主，而你就要做那样的人。

我总结了 5 个场景化的人设打造技巧，就是用场景画面和文字凸显博主的真实和优点，让博主身上的亮点散发迷人又独特的光芒。

（1）故事场景

故事具有天然的吸引力。博主用故事场景打造人设的重点不在于勾起读者的好奇心，而是用图片、人物结合文字，表达出情绪、情感、因果关系，让读者一眼看到画面就产生一种强烈的想要解读这个故事的欲望。

故事场景的核心是展现一种变化的前因后果，营造出转折、意外和目标的达成。透过这种饱满的故事张力，一方面巧妙讲述了博主的经历，另一方面串联起了人设的基本脉络。例如，有些博主拍一张和老公的精致合照，文字写的是"两人认识 15 年了，曾经银行卡只有 10 元钱，现在买大别墅"。这就体现出曲折的故事，有前因后果、变化成长，几乎没有读者不想看他们的经历。

故事场景的营造离不开人物、画面和文字的互相配合。有一些场景会自带故事感，只需要恰当的文字就足够。就像 KTV、酒吧、巷子、海边或一张长椅等环境，这是读者眼里最容易有故事的地方，博主只需要巧妙用文字配合就可以产生很不错的效果。这种技巧就是将人物放在某个环境中营造一种故事，让合适的文字、语气共同营造一种张力，让博主想表达的本来很平常的观点包裹了一层故事的外衣。

无论博主的故事场景是不是本人的故事，读者都会把故事移情到博主身上，能潜移默化地建立博主的人设。

（2）细节场景

千万别认为细节场景不重要，恰恰相反的是运用好细节场景能对人设的打造起到举足轻重的作用。因为人的一切情感和情绪极容易被一些细小的画面、动作、语言或词语影响。

做好细节场景能让笔记的感染力提升数倍，也会让博主的人设细微而温柔地潜入读者心里。

首先，笔记的细节场景一般体现在画面的极致出彩，让独特又极具个性化的画面细节渲染博主的内心世界和情感。例如，一张精致又美丽的书桌，桌面上的物品，一束花、一杯茶、一个玩偶、一本书的巧妙放置等都代表着博主的品位。这些都需要用心构造，尤其是家居、知识、读书、兴趣爱好、美食、教育等类型。一旦把这些细节做好，语言甚至不用太出色也能有强大的吸引力。

其次，细节场景还体现在巧妙设定一个暗号、情绪词、亮点在封面或标题上，彰显博主的个性与特点。例如，很多人都喜欢用拼图式的封面，那么你就可以在拼图里打造一个具有想象力的细节画面，以真实的人、物品、画面等创造出让人疑惑或回味的空间；在真人出镜的视频里，博主可以在画面背景中、自己的服装上添加一个具有辨识度和标志性的物品。

总之，细节场景需要博主用心思考，灵活运用，多实践、多变换，只要设置得好，人设就会丰富而真实。

（3）冲突场景

试想一下，每个人的内心是不是时刻充满矛盾？你想要的很多，但能够实现的又很少。冲突场景就是要体现这种内心的无奈和困惑，让读者有一种找到知音的感觉。

要营造这种冲突场景，博主的画面和文字就要形成矛盾、辩证关系，体现一种剪不断、理还乱的情绪和张力。例如，用一张孩子哭泣的照片作为封面，文字却并不直接与之相关，这就是让人看到了冲突，引导人们看内容。

冲突场景是否需要出现人物并不重要，只要画面与文字、标题搭配起来，形成一个有含义、未完成的场景即可。简单地说，就是画面要体现欲说还休、欲拒还迎的意思，要唤起读者内心的冲突。

还有很多美食博主会用做饭过程中的某一个步骤作为封面，也许是下锅炸的那一瞬间，也许是买菜的一个画面等。这虽然看似普通，但照片和文字暗示了一个即将要展开的画面，唤起了读者内心的冲突，让他们不得不点进去看内容。

总之，博主准确把握了人的各种内心冲突，就能在场景中大量地运用，构造自己的人设。

（4）诉求场景

其实，每个人的内心都藏着很多诉求，有很多想说却又不敢轻易表达的东西。如果博主能够把这种诉求通过场景的方式展现出来，自然非常轻易地攻破读者的内心堡垒。

在小红书里，读者都是来寻求经验和同伴的，一般情况下分为情绪诉求、认知诉求和经验诉求。

相对而言，第一个情绪诉求更好掌握，就是用各种情绪词加上语气助词打造情绪的出口。积极的情绪词如美丽、痛快、幸福、舒适、自由、感谢等，消极的情绪词如崩溃、无助、抓狂、悲伤、失望、摆烂等。运用情绪词搭配恰当的语气助词，就是让情绪作为引子，吸引与博主同类的人。

后两种诉求的展现方式有一点特别，需要博主先提出问题，并在内容中给予解答。因为每个人都有提升认知、学习经验的潜在欲望和需求，哪怕当前的内容并不在他们的日常意识中，只要博主给予了这样的启发，就能立即唤起他们内心的诉求。例如，"跟着《人民日报》学写作""看完这 6 本书，我不再内耗"就是用博主的认知提升、经验展示激发读者的诉求心理，从而引导他们点进去看自己当前可能并不需要的内容。如果博主的内容足够好，就能给读者产生深刻的印象。

（5）心理场景

顾名思义，心理场景就是用一些与性格、习惯、心理相关的词语在文案中展现一种心理的状态和环境。这种心理场景的运用有一定的难度，博主可以按照年龄或职业类型划分读者的身份，以此假想其心理状态。例如，职场人最普遍的心理状态是倦怠、焦虑、不敢拒绝，那么这些心理一般都处于隐藏状态，不会轻易流露出来。而博主要用自己的文字或图片去契合这种心理，激发读者产生共鸣，同时给予其安慰并建立自己的影响力。

简单地说，就是把目标读者普遍存在的心理用一种刺破、揭露的方式公开说出来，让他们意识到自己的这种"痛"，从而认可博主的观点。例如，宝妈在孩子生病时的心理状态是焦虑、抓狂，博主就可以用病房的图片搭配自己的观点来表达；职场人面对老板要求加班时的场景，博主可以用表情和动作展现一种心理，唤醒和你拥有同一种心情的人，最后你再说自己走出来的方法，体现心理治愈的过程，从而给予别人希望。

其实，可运用这种场景的范围比较广泛，只是抓住痛点的方法有点难。但如果博主用好了，能读透读者的心，也能抓住他们的心。

2.2　通过写作打造博主的人格魅力

金庸跟蔡澜是多年的好友，二人关系密切。但鲜有人知道，金庸最喜欢蔡澜的一点不是因为他会吃、会玩，而是金庸觉得蔡澜是一个极具人格魅力的人。他多才多艺，个性潇洒；他有很多女性朋友，却从来不越矩；他有很多三教九流的朋友，但每一个都真诚交往；他虽是才子名人，但说起黄色笑话来，依然绝顶卓越，又不低俗。[①]

我们不难看出来，蔡澜身上的渊博学识、豁达态度、丰富有趣的个性和良好的人品构成了一种丰盈而鲜明的人格魅力。

你一定有这样的感觉，有些人无论他表现得多努力、多厉

---

① 以上文字来自金庸为蔡澜的书《学做妙人》所作的序。

害，描绘出多么美好的前景，但你就是莫名地无法信赖他。而有些人根本不需要大吹大擂、刻意展现，但他就是能得到很多人的喜欢和尊重。这就是人格魅力的作用。

作为博主，如果能让笔记展现自己的人格魅力，不仅有利于打造人设，同时也有利于个人 IP 价值的提升和长远发展。

2.2.1　打造博主人格魅力的 4 个技巧

有一个公认的现实，那就是拥有人格魅力的博主发布的笔记能够得到更高频率的点赞，读者的讨论也比较热烈。因为人格魅力是自媒体的一层滤镜，一旦钻进了读者的心里，他们就会对博主做的事、说的话有天然的亲近感。

那么，你再换个角度思考，读者对非常喜欢的博主的认可和信赖不会凭空而来，需要相应的要素作为连接，能够让读者感受到博主的与众不同。这些要素就是博主身上散发出来的独特气质。

事实也是如此，有人格魅力的博主一定有属于自己的气场，并且不会是单薄粗粝的一种，而是多种因素的互相组合，交融成强烈的个人吸引力。

我用一个洋葱模型来解释就非常清楚。人格魅力的外层有能力、性格、气质 3 个方面，中间层有生命力、影响力、价值力，最内核的部分是真实的人性、自我的剖析、流动的情感，如图 2-4 所示。

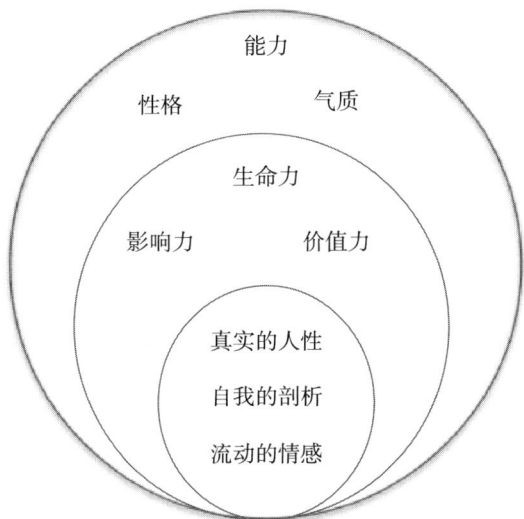

图 2-4　人格魅力的洋葱模型

　　你可以仔细思考，当你被一名博主吸引时，往往首先是因为其展现的能力、性格与你有契合的地方，气质上有吸引你的特性。这些外层要素通常会让你点赞一篇笔记，关注这名博主。

　　如果你了解得更深入，成为铁杆粉丝，最核心的要素是因为博主举手投足和字里行间表现的生命力，其个人的影响力，还有内容的价值力。

　　继而你之所以发自内心高度认可一名博主，对其产生滤镜，能够抓牢你的不是外在的东西，而是对方流露的真实人性、对自我的深度剖析，还有坦诚的经验分享，这些组合成了一种饱满、丰盈的情感流动。

　　因此，人格魅力是复杂的，但也并非不可捉摸。我用相应的词语把这种种因素高度概括起来，运用和体现在文案写作中就是权威、温度、反差、力量。

（1）权威

博主想要塑造人格魅力，最核心的一点就是权威。王小波说："权威这东西，花钱是买不到的。"对自媒体人来说，更是如此。

作为博主，权威代表着身份背景的可靠和真实、个人经历的丰富或强大。有这些要素作为背书，无形中会让内容的可信度更高、说服力更强。

一定有人会说："我的身份背景很简单，没有办法建立权威，怎么办？"

在传统媒体时代，权威就是能在官方媒体上发言的人。但如今的人们对权威不再单纯地迷恋，而是懂得辩证地看待，更注重真实有效。尤其是普通博主分享的独特经历和深刻观察，这被认为是最可靠的信息来源。

对自媒体平台来说，权威不一定需要官方认可，只要你的经验很丰富，依靠一般人没有的观察与体验过程说出真相，这也是权威的表现。例如，外卖小哥谈他看到的各大餐厅后厨的情况，自然就比别人有话语权，这是身份背景自带的权威性；宝妈分享养育孩子过程中发现的好用的物品，完全不需要任何官方背书，她的使用体验、孩子的真实反馈等是一种天然的说服力，可以轻易打动其他有类似需求的宝妈。

很多母婴、教育、科技、软件数码博主能够被品牌方高度信赖，就是依靠权威形象带来的极大加分。还有测评类博主用其专业知识和专业测评彰显出来的公平公正，也是权威的最佳诠释。

（2）温度

温度，看似很简单的一个词，要做到实属不易。坦白地说，有多少博主把平台当作赚钱的工具，有需要时就发布内容非常用心、精细，不需要时就随意经营，这样很难做到有温度。

如果博主要树立自己的人格魅力，温度是非常重要的一环。它不是虚词，而是实实在在的温暖。

在文案写作中，温度主要表现为能换位思考读者的处境，预想其对内容的接纳效果。就像我在前文讲过的，预先设想文案的接收对象及其内心感受，从而有针对性地在内容中做好解答，让读者感受到被博主真心对待。

另一点是不要把读者当"傻子"，而是要当作朋友。有很多博主经常写自己有多厉害，但分享的内容无须费力就能得到，这些"水货"的价值性与博主的身份极其不符，这就是没有把读者当朋友。

博主真正应该做的是设想读者是你需要交心的朋友，内容要以能真正帮助别人为出发点，做到细致而用心，那么你分享的经验就会有温度。我写这本书也是如此，本着让读者学到以后能长远发展，不会教人作假和糊弄，而是能有较大的收获与成长。

温度即自媒体博主的人品。只要博主真诚分享、真心做内容，读者会透过字里行间的贴心关怀感受到一种来自陌生人的温暖，无形之间会把博主的人格魅力镌刻在自己的心里。

（3）反差

今天的读者眼光挑剔，他们对平庸的人与事缺乏细致探究的耐心。在庞大的自媒体洪流中，没有记忆点的博主很难出人头地，更难创作出爆款内容。

这里讲的反差是指独特的个人外在表现与个性特点，能够让博主赫然区别于他人的一种记忆点。例如，东方甄选直播间主播董宇辉明明是卖农产品，但他走出了风格迥异的路。卖虾的同时，他还用英语讲解急速冷冻技术，顺便把各个知识点解释一遍。如此显著的反差就是一种极具特色的人格魅力，因而董宇辉一夜爆红。

在小红书里，同一个领域的相同选题、相似内容最终能否成为爆款，博主本人的反差是关键要素之一。同时，反差也是营造博主人格魅力的有效方法。这些反差一般分为人设反差、风格反差、价值反差。普通博主能做到一个方面也不错，百万粉丝以上的博主大多数具备两个以上。

人设反差就是刻意与同类型的博主保持差异，塑造有个性、有特色的展示角度、身份特征。风格反差是指个人的表达技巧和叙述方式能形成一种差别化，从封面和标题的范式、细节、逻辑、思路等做到与其他博主有明显的不同。价值反差并不是指价值性要新奇，而是博主有底线、有格局、有高度的明确的价值观。就像不应该接的广告不随便接，不会为了一点点利益而置粉丝于不顾。还有博主在文案中不经意流露出深邃、敏锐的洞察力。总之，价值反差需要展现博主深刻的思想境界与丰盈的精神世界，对塑造人格魅力很有帮助。

（4）力量

爱默生在《自立》这本书中说："力量，它不是自信力，而是作用力。"这句话用在人格魅力的语境中，就是博主的表达要作用于读者，给予其力量。

对博主来说，力量包含多个因素，有自信力、感染力、穿透力、生命力等。博主想要建立人格魅力，让读者产生高度信赖与依存，力量是一个关键要素。如果读者从博主那里感受不到向上的力量，前面的努力几乎就会功亏一篑。

想要给予读者力量，首先是博主的心态要强大，博主要拥有发自内心的自信、勇气及行动表现。当这种外露的个性张力释放出来时，其对读者来说极具吸引力，读者会自动对博主产生滤镜，感受到博主的个人魅力。

这种力量还来源于博主在内容中的敢想敢说，对事件表达独立、深刻的看法和见解，从而让读者感受到博主的真实坦诚、高屋建瓴的态度。这种格局上的力量也是人格魅力的一种展现。

总而言之，博主必须要以一种强大的人性控制力、对自我的积极认可、有见识的格局和眼光彰显自己独一无二的人格魅力。

2.2.2 展现文案气质的 4 种方法

沃尔沃汽车发布过文案："你可以像恨它一样去驾驶它。"

甲壳虫汽车发布过文案："想想还是小的好。"

同样是汽车广告，不仅文案迥异，表达的重点也各不相同。更重要的是这两篇文案有各自独立的风格和气质，前者重在表达情绪，后者的重点是说出内心的感受。因此，博主在写文案时也要塑造文案的气质，让每一篇文案都带有色彩和个性。

其实，文案本来就会不自觉地带上博主的感情，展现博主的内心情绪和思想，因而五彩斑斓。但博主的主要目的不是把文案写得像花一样美丽，而是练就一整套系统的逻辑和方法，让文案有气质、有魅力、有格调、有内涵。

我总结了展现文案气质的 4 种方法：价值最大化、情感最大化、实用最大化、商业最大化。无论小红书笔记有多么大的差异，只要用这 4 种方法都可以概括。

（1）价值最大化

价值最大化本身是一个商业名词，实事上，相当多的笔记都有这样一种属性。用价值吸引读者，以巨大的价值给他人带去收获。

自媒体时代，人都是被价值吸引的。这种价值通常分为两种，一是博主个人的价值，二是内容的价值。

通常情况下，博主可以让一篇笔记具备丰富的价值，值得别人收藏和点赞，就是内容很有干货。同时，博主也可以用一定的技巧让个人价值在字里行间弥漫出来。例如，博主在分享某个知识时旁征博引，说一些自己知道的其他与此类似的故事或经验方法，在增强读者体验感的同时也展现自己独特的个人见解。如此一来，读者会认为博主是一个内涵丰富的人，有很多价值待挖掘。

透过这种细细如丝的双层价值提供，文案就能被赋予一种超量的价值感。

（2）情感最大化

情感是一个大筐，什么都可以往里装，其核心是情感可以轻易激发、拨动、占领读者的内心世界。在小红书笔记中，情感最大化展现出来的最明显的一点是以情感发散、情感回馈、情感引导作为一整条线索。

文案的开始一般以某种情感倾诉作为突破口，接着博主开始讲述，在贯穿整篇文案的过程中一直有饱满的情感张力。这种情感的流转像一只无形的手，紧紧抓着读者的心，让他们跟着内容一起喜怒哀乐，以使情感被释放或被抚慰，从而发自内心地认可博主。

例如，搞笑娱乐、个人感悟、生活分享类笔记的最大特点就是将情感的营造放在首位，最大程度地激活并满足读者情感的需要。

当然，情感最大化并不是只需要情感，内容的价值性、共鸣性及话题的痛点依然非常重要。只因为情感张力作为文案流转的核心，能在读者眼中留下深深的情感烙印，让依附于情感的博主的观点更容易在读者心里生根发芽。

（3）实用最大化

实用、够用、好用是读者非常在意的内容核心。因此，实用最大化满足人们想要干货的需求，这样的文案虽气质朴实，但十分受欢迎。

塑造文案实用最大化，相对其他方法来说最简单，只要技巧有用、方法好用、经验够用，就是一篇合格且优秀的笔记。而且，这类笔记能自然体现博主的诚意，在读者心理留下非常强的好感。博主需要注意的是分享自己的学习捷径、工作经验、某种技能方法，一定要用心、真诚、无私。

所谓无私就是别把关键的经验藏起来，以致读者在实践的过程中不能得到理想的效果。例如，有一些博主经常分享好用的 App 或网站，但等读者兴致勃勃地使用时发现全部都需要付费，这种行为会极大地降低读者的好感与认可。

要做到实用最大化，博主就应坦诚相待，如实告知隐藏的一些注意事项，把选择权交给读者。至于最终效果怎样，他们心里就有底气了。

（4）商业最大化

以上 3 种方法不能概括的都属于商业最大化。博主把内容作为一种营销手段，只管吸引人们来点击，并不在意干货的分量是否充足、能否塑造人格魅力、对读者有无帮助。除了专门的商业笔记以外，某些引流类笔记也是如此。大多就是用吸引人的封面标题、夸张的表达、刻意展现利益等方式塑造自己看似高级的人设。实际上，这种类型的文案如果内容有诚意，博主有魅力，并不能否定这种展现技巧。

但是，很多博主会不自觉地过分注重商业和吸引人，放弃了表达上的诚恳，以至于让文案带着浓浓的利益味道，让 IP 价值大大降低。因此，文案的商业最大化也不能失去分享的真心、真情、真意。

2.2.3 写出具有个人特点的文案的 4 个技巧

接下来具体讲解文案写作的 4 个技巧，帮助博主打造个人特点。

（1）**晒优势 + 重内容**

总有很多人在朋友圈晒娃，晒美好的生活。其实，个人优势也需要晒。尤其是博主需要在平台上树立独特的人设，那就必须展现优势。

晒优势、晒能力、晒格局、晒认知、晒智慧、晒背景、晒专业……反正一切有关博主的优点都要尽可能地晒出来。这里的晒有几个关键点，即要有目的、有节奏、有方法。意思是博主务必规划一个合理正确的分段、分类型的实操手册，最好是目标明确、循序渐进且有针对性地晒。

应该说，晒是一种手段，内容优质才是关键。博主必须在晒的基础上保持优质的内容输出，让读者有真实的收获和成长。

这也会正向强化博主的优势。如果内容的质量不高，这种晒就无意义了。

当博主持续地展现优势时，读者长期被这些信息包裹，就会自然形成对博主的记忆点，产生强烈的感受。

（2）亮 IP + 给价值

在当今的自媒体环境中，IP 是一个热门话题，很重要，也很关键。无论个人还是企业，塑造 IP 都是一条必由之路。

你一定在小红书看过很多带着明显 IP 标识的博主发布的笔记，有些是品牌发布，有些来源于个人。一般情况下，这样的笔记只要干货充足，封面标题够精彩，就能快速爆发，成为 IP 宣传的重要途径。

因此，亮 IP 的核心技巧就是要给予读者价值，要把价值的实操性、有用性、可复制性放在首位，实现以 IP 提高打开率，以价值留住读者使其快速转粉。这也是个人特点塑造的有效办法。大多数情况下，有丰富经历和专业背景的博主可以把这个技巧用起来。

相对而言，打造 IP 对普通博主来说比较难。因为 IP 不是一两天就可以建立起来的，除非你有某一项特长，可以专门将特长作为自己的 IP 来刻意打造和宣传。

（3）强利益 + 传经验

利益是吸引人们目光的好手段，直截了当地摆出强大的好处来诱惑读者当然行得通，只是千万不要忘了传授经验。

在这里，利益是一个比较宽泛的词，不只被限定为金钱、时间。也许是某项化妆的技能，帮助别人获得快速提升的方法论，等等。总之，就是博主展现自己具有吸引力、高水平的个人能力，提升曝光率。同时，博主还要表达倾囊传授经验的意思，体现个人经验的独家与珍贵，并告诉读者运用这些好的经验之后也能有不错的效果。这种强利益＋传经验的写作范式只要运用得当，就会非常打动人。

这种技巧的运用范围广泛，只要博主的经验足够多，就可以尝试把利益点写得抓人一点。

（4）聊情感＋抓痛点

情感是一个老生常谈的话题，也是最好用、渗透能力最强的词语。当博主觉得自己实在没有特点、不知道应该写什么时，依然有聊情感这个方法可以使用。

聊情感＋抓痛点可以瞬间走进读者的内心深处，博主不必担心话题是否有人感兴趣。只是抓痛点对新手博主而言有难度。一般情况下，博主可以用自己的身份进行类比思考，得到几个关键词，再从个人出发推理到大众身上，至少能找准与自己同类型的人的痛点。

情感的出发点也一样，博主在某些事情上产生了怎样的情感，读者也会有一样的感知。例如，全职妈妈自立、单亲家庭养娃等非常具有痛点的话题，博主抓住后要学会推己及人，帮助读者抒发情感，强大其内心。

这种写作技巧也比较简单，情感充沛、自愈能力强的博主很快就能树立个人的特点。

2.3 紧跟平台的蜜月期

小红书自 2013 年 6 月成立，经过数轮的调整、变迁之后，早已成为完善的社交＋电商运营平台。2022 年，小红书的月活跃用户已达 2 亿多，同时以较快的速度扩张着。那么，在急速的变化成长中，当前的小红书到底是什么样的环境呢？

应该说，自媒体平台的发展有一套稳定的规律，如果分段总结，我认为一共需要经历蜜月期、伙伴期、平淡期 3 个阶段。

当前，微信、微博经过迅猛的发展，已经进入平淡期；快手、今日头条有抖音和西瓜视频的多重助推，已经进入伙伴期，它会有选择性地偏向具有强大实力的博主。只有小红书正好处在蜜月期，它友好又贴心。也就是说，小红书和用户是非常"甜蜜"的关系，二者互相依靠，彼此依存。

2.3.1 摸清规律＋紧跟运营

博主想在小红书长期发展，首先要建立对平台的深度了解和真正信任，再跟随平台的脚步一起走，不要盲人摸象。我经过大量的观察和对比发现，在主流自媒体平台中，小红书的优势最强。这不仅体现在它对新人很友好和流量去中心化两个方面，还有更多值得博主投入精力的优点。

（1）粉丝价值

人们常问：你的账号有多少粉丝？数量当然是非常重要的一个指标，但也不是绝对的，粉丝的价值性依然需要极大的关注。不同平台的粉丝，其价值性有很大的差异。如果对微信、抖音、今日头条、快手、哔哩哔哩、微博、知乎、小红书进行粉丝价值性比较，我认为应该是这样的排序：微信 > 知乎 > 小红书 > 哔哩哔哩 > 抖音 > 今日头条 > 快手 > 微博。

微信粉丝的价值性毋庸置疑。知乎因为知识含金量相对比较高，吸引来的粉丝都有一定的黏性，遗憾的是变现方式太少。而小红书的粉丝同时具备社交、成长和消费的属性。也就是说，小红书的用户都想在平台里链接资源、学习成长，进而完成消费。对博主来说，粉丝具有天然的变现基础。而其他平台虽然也有多种变现方式，但给到普通人的流量又太少。相比之下，博主在小红书只需要确保粉丝黏性就很好。

（2）用户画像分析

小红书后台有非常重要的一个数据，即用户画像。这里会显示粉丝的来源、性别、年龄、城市、兴趣等信息，如图 2-5 所示。

如果不仔细研究，很多新人最初根本看不懂这些数据背后的意义。小红书的女性用户占比 70% 以上，如果博主的女性粉丝超过总粉丝的 9 成，那就说明博主需要在笔记中坚持情感的发散、加强女性话题的分享。

地域和年龄背后暗藏的意义非常多，如果博主的大部分粉丝是一二线城市的 25 岁年轻女性，那么她们的兴趣爱好和性格模型很容易就能猜测出来，大部分都是喜欢美、追求美、渴望成长的心理状态。因此，博主必须紧抓这些要素，探究人群背后的内心感情和欲望并给予满足。

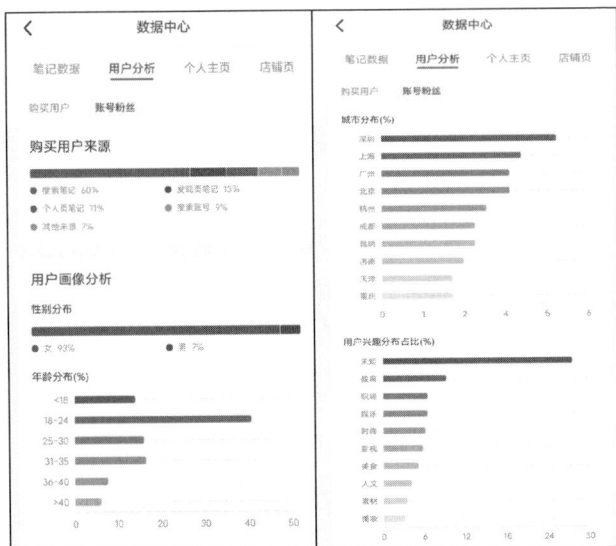

图 2-5　小红书的用户画像

再来谈紧跟运营。博主持续发布优质内容，小红书官方就会额外发流量券。那么，博主分享的内容一定要坚持走心、真心、用心、专心，要走入读者的心中。表达的用心和真心，我在前文已经讲过很多，这是博主打造人设和长期发展的关键。专心就是垂直度高，专注在某个行业的细分领域，形成差异化。

而且，小红书的"发现"页面也在不断调整，首页分类越来越精细，购物页面会把用户所关注博主的店铺产品直接推荐在这里，也就是越来越个性化、精准化。因此，不难看出小红书就是鼓励博主卖产品、接广告，形成良性循环和互动。

那么，博主接广告最好通过平台报备，不然系统分不清楚这篇笔记是广告还是虚假宣传，容易造成误伤。广告笔记要保持合理的数量，一般情况是每月 3 个左右。博主还要保证广告质量，重在体验感和真实感，不要接虚假广告。

要紧跟运营还体现在一个方面，就是写更符合平台特点的文案。小红书的笔记总是独具一格，那么博主就要以此为主要阵地，再有针对性地做好定位、人设，以及文案的表达范式。只有专注才会带来价值的更快提升。

2.3.2 发现重心 + 抓住窍门

根据小红书官方公布的数据，2021 年小红书开展"熊猫"计划专项治理，共封禁了 502 个品牌及线下商户，治理的虚假引流笔记超过 50 万篇，治理的账户超过 10 万个，如图 2-6 所示。这背后蕴含着丰富的意义，说明小红书不再处于以前野蛮生长的时代了。

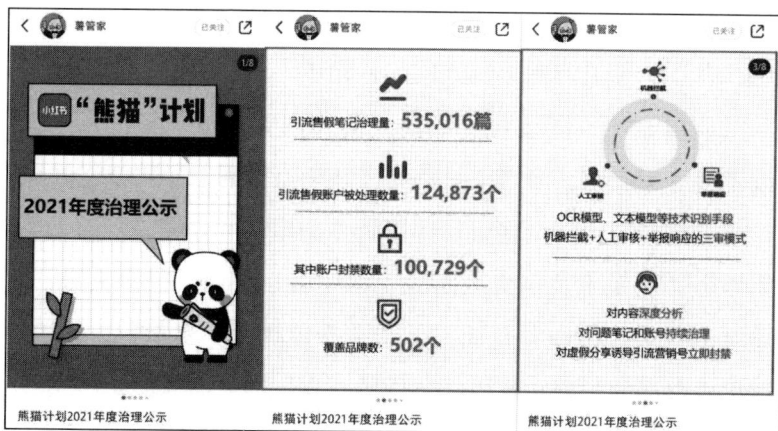

图 2-6 2021 年小红书的"熊猫"计划

一直以来，小红书官方都严厉打击恶意营销、虚假推广的笔记，只要发现违规，同时对品牌和博主进行处罚，非常精准且绝不姑息。品牌一旦被封禁，小红书就不再与该品牌合作，无论品牌的影响力有多大。因此，现在博主运营小红书不再是粗暴地复制爆款就能大量涨粉、快速变现了，而是应该学会发现重心，抓住窍门。经过观察，我发现目前小红书有两个重心。

（1）精细化运营

精细化运营并不是新词，只是大部分早先进入小红书的博主习惯了以前的粗犷运营规律，发布各种经验分享笔记时就把一些新人带进去，导致对方做博主几个月迟迟找不到方向，从而灰心丧气。

实际上，小红书现在对精细化运营的要求非常高，也十分迫切。这里的精细化运营可以分为 3 个方面：内容精细化、封面精细化、服务精细化。

内容精细化就是博主一定要在同类型笔记里做出个性、特色、亮点，哪怕博主与别人的切入角度、表达方式、情感张力、干货质量有所不同也可以。在同质化内容大量发布的环境中，读者会审美疲劳，而博主只需要在某个点做到差异化就能胜出。

封面精细化无须多言，因为博主的审美和作图技巧有差异，需要强调的是不要走大众路线、不要盲目跟风。很多人说，美妆笔记更适合拼图类封面，你就一直用拼图。实际上，博主应该根据自己的长处和环境特色做属于自己的封面标识。

为什么是服务精细化呢？因为平台的核心是希望用户在平

台"种草"、完成"拔草"这样一段流程，它不希望用户在小红书心动以后到其他平台购买，服务的精细化就非常重要。

从 2022 年 9 月起，小红书给所有用户开通了建立群聊的功能，每一个用户最多能建立 10 个群。要知道，以前只有很少一部分用户能建立群聊，一个账号最多拥有 5 个群。

现在突然放开群聊的功能并大力支持，说明小红书官方对"社交"这项功能非常看重。同时，博主可以看到群聊在线人数，联系对象当前是否在线，还有快捷开单、直接发送商品与订单的快捷功能。很明显，这就是促成博主更好地连接潜在消费者，完成更多销售。

那么，小红书官方扶持的力度越来越大，博主的精细化运营也就势在必行。

（2）重视直播和视频

小红书官方现在对直播和视频十分重视，而且一直在调整，就是为了多角度凸显直播。现在你打开小红书的首页，如果你关注的博主正在直播，系统就会主动提示你。同时，小红书直播也可以预约，让博主的直播能得到更多人关注。

短视频备受小红书官方的喜爱，发布视频有小红书官方的流量扶持，专栏的上架也需要直播和视频这种形式，就是为了让消费者的体验更好。

再来谈抓住窍门这个问题。当博主想要全力投入时，还有几个地方可以利用起来。博主发布笔记可以从笔记灵感里查找是否有相对契合内容的话题，还可以从创作中心或在首页点击"搜索"

进入"搜索发现"页面查找当前的热点话题，能用上的尽量用。

小红书官方对笔记灵感和话题的分类不是很严格，只要大概符合就可以，博主不用太担心内容与话题不够契合。从这里发布笔记，多少都能得到曝光率奖励，从几十到几千不等。这些曝光率可以在博主下次发布笔记后推广使用，有时间限制。曝光量不等于阅读量，1 000 次的曝光量就是在 1 000 个人的"发现"页面展示笔记，至于能否被阅读就说不准了。

2.4　搭建与平台之间的信任感

信任这个词很重要，平台需要优质的博主，而博主也需要平台的助推。在这相辅相成的关系中，博主要努力搭建与平台的信任感。

虽然目前我的小红书粉丝数量不到 10 万个，但每一次发布笔记都能有不错的流量，点赞量最少也有几百个，有很多笔记的点赞量上万。由此可以说明，平台对我的内容比较信任。

我仔细思考，我与平台的信任感搭建离不开以下几方面。

2.4.1　内容真心 + 节奏稳定

关于真心这个话题，的确是老生常谈，但也是做好一件事最有效的办法。一个普通博主想在平台的数千万人中出类拔萃、被官方认可，不投入真心是行不通的。

首先是对内容的真心，每一篇笔记都投入 12 分的精力，力求做到最好。其实，博主的任何一种敷衍的态度，读者都能感觉到。做小红书博主想要应付了事，即使你暂时踩到热点，涨粉很多，一旦过了那段时间就不会再有好的流量。而且，后续你的投入很难得到好的效果，信心也会受到极大的打击。所以，你不如一开始就精益求精。

其次是节奏稳定，即博主要持续、稳定地发布内容。博主的这个节奏不要与别人比，而是从起号以后一直保持最平稳的输出频率。

所谓做到极致，无非就是用真心的态度加上强大的内容形成一种合力，当博主的投入足够多、节奏平稳时，系统算法很快就能识别到优质的内容。

2.4.2　独特鲜明 + 坚持自我

平台的算法判断博主是否优质，是根据博主与粉丝的评论互动，加上收藏、点赞等因素进行综合计算而得出来的。如果博主没有鲜明的个人形象，文案内容也没有真挚的情感、独特的观点，在读者眼里，博主就是平平无奇的小白，很难被记住。这导致笔记的评论和点赞也不会多。哪怕博主的分享很真诚，关键是缺乏印记，依然无法走进读者的心中。

因此，博主要打造有记忆、有辨识度、有棱角的个人形象，可以从自己的身份经历出发，结合个人观点，展现自己独树一帜的外在标签。当博主展现鲜明的个人形象、丰富的性格特征时，这些立体的感知更容易激发粉丝的表达欲，带动笔记的互动率。当这种互动形成习惯、粉丝对博主有一定的依赖以后，粉丝就会经常关注博主的动态，像朋友一样发表评论。慢慢地，这种黏性就变得牢不可破。

同时，坚持自我还体现在博主对自己认定的、能发挥长处的表达内容和方式非常忠诚，不被外界影响，不被暂时的困难打垮。这也会无形中影响读者对博主的认可。

2.5　找准平台在不同时期的底层逻辑

腾讯在创立早期的底层逻辑是创造一个可以让人与人交流的软件。从这个逻辑上确定的定位就是"连接"，连接人与人、人与物、物与物。连接世界就是从这个底层逻辑上发展出来的商业路径。

在多年的市场反馈和调整后，罗辑思维的定位是"和你一起终身学习"，它的底层逻辑就是知识内容分享，一切产品都要围绕这个核心来开展。

因此，每一个平台都有自己的底层逻辑，博主作为写作者要把握、利用这些核心的规律。

2.5.1　从细节发现平台的底层逻辑

那么，小红书的底层逻辑是什么呢？在互联网平台竞争白热化的当下，小红书刻意选择了独一无二的路线，融合了微信的底层逻辑"连接"，也加入了淘宝的电商属性。因此，小红书的底层逻辑应是共赢、交换、需要。

　　小红书的共赢是平台、博主、消费者三方的共赢。它不同于淘宝的主动搜索购买，而是注重开发消费者的潜在需求，符合它的口号"发现更好的生活方式"，用于帮助用户发现和靠近向上、多元的世界。在这种底层逻辑下，小红书必然会把商品销售和推荐放在一定的位置，也必然十分注重博主分享笔记中的真实性和美感。更重要的是小红书经常优化用户的购买步骤，将体验放在第一位。

　　简而言之，小红书的目的是通过博主的宣传，在笔记的多重洗礼下，促使用户的生活理念、心态习惯产生改变，从而促成销售。我对这一点深有感触。最初用小红书时，我的"发现"页面几乎没有广告。后来，我成为忠实用户，我的"发现"页面每刷两排就有广告赞助。因为平台的算法判断我非常喜欢这里，那么自然要给我推荐更多广告，以满足我的潜在需求。

　　我专门做了测试（个人试验，仅供参考），当我每天使用小红书的时长在 1 小时以下时，"发现"页面上一个广告也没有。如果我每天使用小红书 2 ~ 4 小时，偶尔有广告。在我每天使用小红书达到 4 小时以上时，刷几次页面就会出现一个广告，比较密集，计算后发现广告笔记数量约占推荐总笔记数量的 12.5%。这足以证明小红书的底层逻辑就是开发需求、完成交换，最终实现平台壮大、博主有收益、用户变得越来越好。

2.5.2　与平台契合的 2 种定位方法

快狗打车董事长、到家集团 CEO 陈小华用一句话描述了互联网时代定位的重要性："大数据是工具，定位是灵魂。"做企业需要做好定位，才能乘风破浪。做个人博主依旧如此，做好定位就像给自己在庞大的自媒体海洋中规划了一个小区域，不过多受到外界的干扰，行稳方能致远。

总有许多人告诉你，需要根据个人优势做好定位。诚然，这样的说法没有问题，但不代表这是最优的定位方法。要知道，你的优势在庞大的自媒体洪流中也许毫无竞争力，不如试着换成更有效、更精准的定位方法。我总结了 2 种适合新手的个人定位方法。

（1）**差异化定位 = 人设差异 + 方向差异 + 变现差异**

何为差异化定位方法？我们一起来看两位拥有百万粉丝的博主就明白了。自媒体博主朱佳航的名气很大，气质好，能力佳，她在全网拥有 700 万粉丝。我仔细观察发现她的选题大多偏向现实，内容表现以视频场景 + 口播为主要，变现方式主要是广告。

很多人也刷到过都靓，她的气质温婉优雅，在全网拥有约 750 万粉丝，但她几乎不给产品代言，分享的内容都是读书，变现也是卖书。

如果两位博主都按照个人优势来定位，那么可能不会如此截然不同。事实证明，差异化定位是一个不错的方向。

差异化定位首先是人设要保持差异，不要与同类型博主形成一个风格。也许人家用安静的口播表现效果好，但不代表你用了也不错。文字需要陌生化才更精彩，人设也需要做到新鲜、有特点。

其次是方向差异，即从表达方式、内容输出形式、选题类型等角度刻意做出差异，最好做到在同一类型的博主中，你的细分领域、文案、画面等都能与别人有显著的不同。

最后是变现差异，即当所有人都在同一条赛道上拥挤不堪时，你不如稍微改变一下。即使是卖书，你也可以做到书的种类与别人不同。

几乎每一家企业都在强调差异化策略，个人博主依然如此。差异化代表着稀缺，这样你才是独一无二的。

（2）对标定位 = 一个方向 + 一种优势 + 一套方法

我们应该这样理解对标定位：对标市场的空缺，对标当前环境中竞争力最小的类型，对标最火热赛道的辅助项目。

这就像所有人都去挖金矿，争得头破血流，你不如在挖金矿的地方旁边开一家店，专门服务这些挖金矿的人，反而赚得更多。现在的自媒体早已进入尖锐化竞争状态。要知道，新手博主进入最火热的赛道，经验和运营能力根本没法同大咖相比，优势也无法展现，很难做出成绩。

在相对小众的领域，如果博主经验不足就贸然进入，也难以激起水花，最终失望而归。

不如想一下，用你的优势能为这些大咖们提供什么服务？

或者你可以依靠这些大咖做出哪种特色内容？这样既能做到目标有针对性、读者群体庞大，同时竞争也小。例如，百万粉丝博主们都在忙着推销课程，而有些博主在专门教这群人怎样做课。

　　因此，博主要仔细梳理市场环境，确定自己的方向，接着通过思考、对比一点点找到自己的某种优势，再用一套实操性强的方法开启行动。

第 3 章

好故事成就好文案

木心曾在一首诗中写到："爱斯基摩的妇女们手执木棍，把住处的风赶出去。"短短两句是不是让你觉得这不仅是诗，还是一个故事！真正的好故事在于勾起人们想要探索的欲望，给予其充分解读和参与的机会，这也是文案的本质。

在如今的时代语境中，讲好故事无须繁杂的笔墨，三五句话就能展现极具诱惑又深刻的故事脉络。例如，厦门地铁文案"想你的时候，我哭得荞麦枕头都发芽了""睡醒了，希望还在睡的人从床上掉下去""大家都为情所困，不像我，每天比狗都困"。这些精炼的语句准确、生动地描述了主人公内心的故事，也是最精彩、丝丝入扣的文案。

"如果你想造一艘船，先不要雇人收集木头，也不要给人分配任务，而是激发他们对海洋的渴望。"这句话告诉我们，文案的本质是先让读者对你的故事产生好奇心。

故事能诱惑读者的情绪、期待和冲动，吸引他们跟着你的文案一步步踏入你预先设定的结果中：到底是"种草"某个产品、分享某项经验，还是宣传你的理念和思想，或者是打开对方的心智？博主只有以动人的故事为先锋，才能在读者的心理上攻城略地。因为读者在面对经验和故事时会本能地选择故事，而忘记经验的价值。

3.1 故事比你想象的更重要

作家马克·吐温（Mark Twain）说过，"别只是描述老妇人在嘶喊，而要把这个妇人带到现场，让观众真真切切地听到她的尖叫声"。因此，博主就要把故事的张力、穿透力、吸引力，以及画面感展现出来。这里的写作重点不在于情节的回环曲折，而在于用故事的要素和步骤完整呈现一种情绪的跌宕起伏，让文字呈现扣人心弦的力量。

3.1.1 文案的故事 7 要素

我们先看这句话，"国王死了，王后也死了"，这是一个故事。再看这句话，"国王死了，王后伤心欲绝，也死了"，这是一个情节，因为王后的死是对国王的死太过伤心而导致的结果，其中有因果关系。因此，情节追求逻辑衔接和丝丝入扣，而故事则不需要如此。

写文案也可以用讲故事的思维方式进行。故事包含 7 个要素：目标、阻碍、努力、结果、意外、转弯、结局。

目标即你想要做到的成绩或实现的结果，这需要明确而具体。例如，"我曾经想要进入某知名互联网大厂做程序员"，博主在文案的开头可以这样表述清楚自己的目标，先抓住读者的视线。

阻碍即你在实现目标的过程中遇到的困难，主要体现是因为某些客观条件不足。例如，"我不是 985、211 大学毕业，一直投简历，却从未接到面试通知"，这里的重点是突出博主与目标之间有一个无法逾越的现实障碍。

努力即表述你努力的过程。例如，"我买了很多专业书来学习，在目标单位附近找了一家公司上班，想和那里的人做朋友"，这里要体现有方向又具体的努力。

结果一定是不太好的，不能一次成功，否则故事的感染力大打折扣。例如，"就算这样，我依然没得到面试的机会，好在我的技术和能力提升了很多"，这要暗藏一个导火索，虽然结果不如意，但发生了某些变化，为后来的转折埋下了伏笔。

意外即表达与预期目标出现了很大的变化，吸引读者的注意。例如，"这时，公司调我去另一座城市的分公司做运营"。

转弯时直接呈现真实的样子就好。例如，"在新地方，我认识了一个朋友，他是知名互联网大厂的小领导，他向公司推荐了我"，或者"我在新公司做运营渐渐独当一面，并忘记了我曾经的目标"，这里的转弯没有规则，你可以任意发挥，主要为后面想表达的结局做铺垫。

结局即最终你是否实现了当初的目标。因为前面有不同的转弯，结局也不同。例如，"经过几轮面试，因为我经验丰富，成功入职这家知名互联网大厂，我总结了这段坎坷的心路历程，分享一下"，或者"后来我一直在做运营，对最初的目标已经释怀，我发现人生的真相就是这些"。

当博主用故事的 7 个要素将文案讲述出来时，这种不断递进、转折的过程能牢牢抓住读者的注意力，内容和观点就像剥洋葱一样层层展现。如此一来，读者对文案传递的感情和观点也会更有同理心。那么，博主的人格魅力就可以在故事的渲染下成功进入读者的内心，这就是故事产生的强大作用。

3.1.2　小红书文案的故事力

那么，用故事的 7 个要素写文案，是不是一定就能写出好文案呢？答案是否定的。因为文案的表达技巧过于复杂，而故事的能量也不局限于此，博主必须弄懂文案的故事力究竟是什么。

以故事的方式讲述文案，能够让文案的表达变得脉络清晰、张驰有度。然而，文案又不仅仅是故事，它还多了另一种职能，那就是推销。文案需要完成推销习惯、思想、认知、概念在读者心中的种植和生根，尤其是自媒体时代，每一个字背后都带着销售的目的。要让读者因你的推荐、分享而买单，我总结了最核心的一个字就是"新"。在小红书的语境中，文案的故事力有 4 个要素：新场景、新感觉、新认知、新转折。

（1）新场景：营造体验 + 深度代入

在故事写作中，场景讲究细节刻画、节奏跳跃。但在小红书中，场景更像一种生活的描摹，以朴实的展现、直白的情感抒发为主要目的。这里不像抖音那样注重浏览速度，反而是沉浸式的场景更受欢迎。最重要的因素是代入性强、细节真实，博主要营造舒服、自然的日常生活，让读者自动代入进去，通过娓娓道来的"故事场景"诉说，让读者了解、探知自己的真实生活与魅力，从而不知不觉地实现销售。

例如，家居博主的视频完全不需要复杂的渲染，简单的买菜、做饭、吃饭等也能收获一大批粉丝，视频也能获得很多浏览量。其背后的逻辑并不复杂，就是利用人类天然喜欢窥视别人生活的隐藏心理，巧妙地将场景与读者的心理期待挂钩。

同理，这种新场景的运用也可以是职场、母婴、家居、旅行等方面，其核心就是让博主代表读者去感知、去生活，让场景的展示激发读者的共情。

（2）新感觉：陈述痛点＋解决方案

我看了很多小红书笔记，有一种特别的体会，那就是你心里想的事情一定有人清楚明白地阐述，问题的答案也有人说出来。我想，除了因为这是一个分享的平台，还离不开笔记都营造了一种新感觉，即采取陈述痛点＋解决方案的技巧。

我们先看几个耳熟能详的广告文案："怕上火，喝王老吉""白天吃白片不瞌睡，晚上吃黑片睡得香，白加黑治感冒""牙好，胃口就好，吃嘛嘛香"。这些朗朗上口的广告语都是先拆解目标读者"怕上火""吃了药难受""牙疼吃不下"的现实问题，通过直白的表达直戳读者的痛处。

那么，要想给读者传递新感觉，博主就要在讲观点之前进行问题拆解，通过拆解替他们分析现实状态与理想环境之间的差异。这种拆解要深刻、精炼地揭露痛点，让他们觉得必须改变，这样才能接受你的建议。

例如，小红书的两篇笔记"习惯性反驳是一个人最大的愚蠢""改变唯唯诺诺，如何做个落落大方的女生"，就是通过指出问题的严重性来敲打读者。这种表达就是把故事的"阻碍"这个要素换成"痛点"，将后面的过程省略成一种方法，更符合平台属性。

（3）新认知：标定利益 + 强化价值

"认知"是一个高频词，也是自媒体时代信息传播的关键。在小红书里，每个博主都想努力营造新认知来吸引读者转化为粉丝。那么，标定利益 + 强化价值最容易打动忙碌又疲惫的人们，给人新鲜的信息增量，实现认知的飞跃。

例如，"原生家庭很差的人注定赚不到大钱""所有女生一定要停止对自己做的 4 件事"，这两篇笔记通过强大的知识扩展让读者心动，最后在内容中输出价值。

这与故事有什么关系呢？实际上，故事通常都有一个主人公，通过主人公的悲欢离合传达情感和态度，而小红书笔记的主人公通常不确定，博主就要把读者塑造成主人公，让他们充当主角面临种种现实的困难，进而有紧迫感和想要改变的行动。这种技巧就要把博主对读者的呼喊直接放在显著的位置。

（4）新转折：经验总结 + 情绪传递

前文讲过故事需要转折，但在小红书里，这个转折是现实和理想之间的正面转折。意思是说读者在现实中遇到困难，来这里只要跟着博主分享的方法做就能解决。

例如，"10 天让头发变得又黑又好看""久等了，二本生考公上岸的经验总结"，这两篇笔记让读者感觉到原本看似没希望的事情只要努力也可能实现。这里的转折与故事情节的转折有本质的区别，这是为了让读者的心态发生转折，从灰心丧气变得充满信心。这种正能量的获得感让读者的内心获得极大的满足，最后他们不仅会改变行为，还会对博主的笔记点赞和关注博主。

可以说，新转折是博主营造小红书文案故事非常好的一种手段，目的是激励读者或表达博主的新颖观点，从而带动笔记被大量读者认可。

总而言之，故事力是文案的写作思维，并非模型或简易的技巧，博主要通过大量的实践和总结，巧妙抓住故事的精髓并很好地运用在文案中。

3.2 写出好故事的 7 个诀窍

好故事像一壶陈酿，揭开盖子的那一刻才知道到底有多迷人。好故事不是被动等待别人揭开"瓶盖"，而是要用多种方法淋漓尽致地展现内容的好处，让读者闻香而来、满意而归。

讲好故事是文案写作的基本功，因为文案的本质就是故事的高级演化和包装。你会发现任何一篇火爆出圈的文案，都是以故事为载体，抒发、洞察人类的情感共性。因此，文案故事需要具备吸引力和进攻性。

3.2.1　让文案故事自带吸引力的 3 种写法

RIO 微醺鸡尾酒的文案特别有故事感："真是莫名，在这杯酒之前，我好像也没那么喜欢你""让我脸红的究竟是你，还是酒呢？"这种欲语还休、落寞沉寂的体现小女生心思的故事感正好符合小红书平台的特性。对于年轻女孩来说，她们需要的故事往往就是一种情感的诉说、内心的抚慰。还有恰当地示弱，通过展露痛苦、无助的真实状态激发女性天然的包容性和爱心。因此，让文案故事自带吸引力并不需要高深的写作方法，我总结了以下 3 种。

（1）问题式写法：设问—反问—追问—解答

问题式写法非常简单易用，这种逻辑结构就是让读者和博主一起经历故事。

先设问，让目标对象立即进入博主预先设定的思维模式中，跟着博主一步一步地前进；接着反问，引导读者产生联想或回忆，激发其内心久远的情感，让故事的氛围感进一步扩大；关键时刻再开启追问，在那些不易觉察的、细小的触点上或者与内容表达有直接关联的地方让读者进行思考；之后博主一一给出解析。

在这种引导式的文案故事中，读者面对博主就像面对一位充满智慧的长者或朋友，他会放弃抵抗、放弃辩解，直接听从博主的言论。下面以李欣频的一篇文案为例。

我们不是说好，

要到太麻里一起看千禧年的第一道曙光吗？

你却缺席了。

我们错过了一生只有一次，

2000 年送给我们的第一道阳光的感动。

接着，我们错过了阳明山的鱼路和春天的杜鹃，

错过了玫瑰盛开、蜡烛点满的幸福情人节。

错过了秋天奥万大的枫叶，

还错过了你的笑容。

那天走在路上，

看到你戴上我第一次情人节时送给你的裸钻，

心里很激动。

你知道吗？

像我这种一辈子没经过珠宝店的男生，

第一次有多挣扎：

我不知道你确切身高、你的喜好、你的尺寸，

但我一直在店里找和你身形相似的店员。

我挑了一条钻石项链请她戴上，

想象你戴上时钻石垂落的高度，

会不会正好对着我心跳的位置。

这样我们在拥抱的时候，

钻石就可以同时记住你的体温、我的心跳，

传达我们意在不言中的感动。

这篇文案用了一种充满美感又极具情调的问题式写作方法，完美呈现了一段故事的过去和当下。文案中不仅有广阔的想象空间，也有强大的情感张力，让问题推动读者一步步认可故事背后想要传达的核心：一枚钻石所包含的深刻情意。

用问题追逐的方法讲故事，我称之为"回溯法"。这原本是曹禺的戏剧《雷雨》的写作手法，借用在文案故事中就是让时光交错进行、让多种情感轮换出现，带动读者在变换不停的故事中失去方向和目标，直到博主给予答案，他们才豁然开朗地发出一声感叹："太痛快了！"到这时，无论博主给读者什么样的产品或概念，他们都会立即认可、爽快下单。

（2）情感式写法：示弱—靠拢—紧抓—融入

2022 年最火的主播一定是董宇辉，他外表粗犷，但他开口说出的故事却饱含情感，在展露渊博知识的同时还以不可思议的示弱紧紧抓住读者的心。他在卖《藏在地图里的中国历史》时是这样说的：

我们也在努力活着，

有贷款、有房租、有压力、有爱的人、有脆弱的感情。

大概就在 10 天前，我们还在苦苦挣扎。

那天晚上有 1 300 人陪我聊天到天亮，

我说我们是朋友对吗？我们能聊聊天吗？你们为什么睡不着？

当时我才知道有那么多人在夜里，

原来跟我一样辗转难眠。

有没考上研究生，还没有找到工作，在家里焦急的孩子；

有期望在大城市打拼的孩子能回来看看自己的老人；

有孩子尿床哭醒了，自己收拾完一切，坐在客厅里想喝一杯水冷静冷静的母亲；

有大半夜开着车回来，大半夜还在路上的中年人。

那天晚上，我跟宋老师播完以后，

我俩走到楼下，有几个人在天桥下睡觉。

前几天下那么大的雨，我其实特别想帮他们，

但我又不好意思打扰他们。

这是一段极度有情感调动、情怀表达的故事，读者只要认真听完，立即就会被带入那个自己不曾去过也没看过的场景中。

从表面上看，这段文案和董宇辉要卖的商品一点关系都没有。但实际上，历史就是讲述人的故事。董宇辉用了类比的手法，从今天普通人的生活场景开始讲述，接着联系到历史，感慨到"你我的故事终将化为一炬，但是平凡的人会给我们最多感动"。

这种讲述通过"示弱、靠拢、紧抓、融入"这一连串的步骤，让博主用袒露的情感、内心的苦楚带着读者一起感悟真实

的生活并产生共情。最终，当释放完内心的情感后，读者会觉得博主特别懂自己，他和自己一样生活不易，心中就会有一个声音说："那我们还是抱团取暖吧。"

情感式写法相对很好用，只要遵循这样的逻辑，干巴巴的销售文案就能从一个个感情的符号中跳出来，对读者完成一轮从内到外的情感洗礼，让其深度认可内容和商品。

需要注意的是，示弱要有广泛的群众基础，不能离人们的生活太遥远，那样无法打动任何人。

（3）揭露式写法：揭露—改变—美化—给予

著名广告人埃里克·惠特曼（Eric Whitman）提到，人类有5种强烈的生存欲望、2种与繁殖有关的欲望。

- 避免劳累，享受舒服的生活。
- 长寿不老，保持健康活力。
- 享受美食和饮料。
- 免于肉体痛苦、心理恐惧和生命危险。
- 获得社会大众的认可和喜欢，避免当众被羞辱或被淘汰。
- 充满魅力，获得美妙的伴侣。
- 稳妥照顾和保护自己的爱人、孩子、父母。

人正是因为有各种欲望，才有努力的动力。而文案写作就是要揭露这些欲望，去打开这些阀门，使读者一刻也不能忍受被欲望折磨的滋味。

商家想要推荐一款美食，绝不是先描述美食有多么好吃，而是通过一定的方法先让你"饿"、让你"抓狂"，进而你就会飞快地下单。

揭露式写法的根本逻辑是先剖开欲望、激发人性，并努力改变人们心中固有的思维，再给予合理的美化，最后实现满足。例如，文案大神尼尔·法兰奇（Neil French）给贝克啤酒创作的广告文案就充分运用了这样的手法。

贝克啤酒是蛮横的、不公的、昂贵的。

生活本来就不公平。

在你年轻健康且富于魅力时，却穷得响叮当，所以姑娘们无视你。

当你慢慢变老、变富有之时，你也会变胖、变丑、变秃，姑娘们突然间又钟爱年轻的穷小子。

如果你秀发依旧，姑娘们会告诉你秃顶让男人性感。

当你秃顶了，前面那似乎永恒的真理又变了。

有钱人可以喝贝克啤酒，而且他们买得起，这确实让人非常气愤。特别是当你觉得应该就着热气腾腾的五香烟熏牛肉喝一瓶冰爽怡人的贝克啤酒时，这更加让人火冒三丈。

到午餐时间了吗？想想，我等会出门喝杯贝克，管它多少钱！

这篇文案先揭露了贝克啤酒很贵，一般人想买又买不起。

接着，写作者主动帮助读者表达了愤怒。为了淡化这种不满，文案中刻意选择了几个现实的问题做对比，证明这种愤怒是我们根本无力改变的，也无足轻重。然后，文案又用吃肉喝酒的美妙激发读者内心的欲望。最后一句"管它多少钱"从情绪上大转弯，引导读者将之前的不满一扫而空，促使其立即行动。

总之，这种写法紧扣了读者的心理状态，一步一步从点明、引导到完成释放。同时，写作者要全程站在读者的立场体验和洞察他们的情绪，并用理解与宽慰的语言安抚对方。

3.2.2　让文案故事自带进攻性的 4 个技巧

著名广告人尤金·舒瓦兹（Eugene Schwartz）曾说："文案无法创造购买商品的欲望，只能唤起原本就存在于百万人心中的希望、梦想、恐惧或者渴望，然后将这些'原本就存在的渴望'导向特定商品。"因此，文案的进攻性需要聚焦、深刻、精准。

如果文案只注重字词优美，但温吞无力，读者虽然会觉得很有美感，却无法激活其内心深处的痛点。在传统媒体时代，大品牌用这种方法塑造品牌的文化和底蕴。但是，今天的新媒体读者缺乏耐心，而且停留时间过短。因此，博主必须让文案具有进攻性，我总结了以下 4 个技巧。

（1）幽默反讽：以调侃触击痛点

当你用幽默反讽的方式写文案时，不仅能发现自己思路开阔，写出来的文案超有感觉，而且这种反讽具有强烈的刺激性、挑拨性。例如，大润发超市的"烟火文学"特别有趣。

> 对白菜的描述："去上班吧，去上身价一块五一斤的班。"
> 对香蕉的描述："没熟的香蕉就像项目，放一放就黄了。"
> 对冰鲜鲳鱼的描述："一坐到工位上，就感觉自己凉了。"
> 对螃蟹的描述："这么有钳，还出来工作。"

这让你莞尔一笑的同时是不是还觉得特别解压，有被理解和倾诉之后的痛快感？周国平说："超脱才有幽默。"讲文案故事，就是要呈现博主豁达的态度。当你学会用自嘲化解文案中原本普通的东西时，再加上一些有趣的字词，就能让文案故事变得更醒目，更有说服力。例如，在小红书发布一篇上班族经常被老板画大饼的文案故事，可以试着这样写。

> 刚毕业来这里，我总是跟月亮一起回家。
> 在这家公司 5 年多，我经常见完客户再跟月亮一起回家。
> 最近，我发现跟我一起回家的那枚月亮变黄了，长大了。
> 原来那是老板画的大饼，
> 快要成熟了。

这个案例就是利用月亮与大饼都很圆的相似性，巧妙写了一段幽默反讽的故事。其中，"刚毕业""5 年""最近"这 3 个时段的递进形成了连续的故事走向，再加上一些细节的透露，表达了上班族辛苦工作却得不到老板的合理回报。

用幽默反讽写文案故事其实并不难，重点就是先找到两个物体的共同点，加上一定的意义转换、概念同义等手法，将文案故事变得有趣、有记忆点，而且别具一格，爆发的可能性才更大。

（2）做一名"嘴替"：收买读者的心

现在的互联网行业特别流行一个词："嘴替"，本意是指他人的语言完美地表达了我内心的想法。在很多爆款文案或视频下面，总有一些人能够用极其精准又生动的话语说出我们的心声，这时我们就感觉特别爽。

因此，文案就可以做读者的"互联网嘴替"，用你的语言帮助读者直面当下的状态，痛快地表达心中的想法。下面以几组厦门大学图书馆的文案为例。

▶ 那位抖腿的同学，或许你是装了电动马达吗？

▶ 书架上的书说，这届学生是我带过最吵的一届。

▶ 起驾回宫的时候请对椅子温柔点。

这些语言辛辣、情绪饱满的文案瞬间俘获了读者的心。只感觉博主说的比我想说的更好、更有味道，我会马上成为博主的铁杆粉丝。因此，这种写作技巧在文案故事的表达中至关重要。

例如，有一些零食包装很大，实际含量很少，一直备受吐槽，可以尝试用这种方法来写文案。

为什么一包零食要装大半袋空气？是怕我看见份量太少而气死，用来急救的吗？

如果你买一包装有空气的零食，你以后老了就不用买氧气瓶了。

我真的怀疑做这种零食包装的人，是不是把脑子里的空气都抽出来放进去了！

"互联网嘴替"就是用深刻的语言揭示情绪，以及背后隐藏着未挑明的利益点。博主通过讽刺、挖苦直达问题的痛点，表达对事物的深刻见解，非常能帮助读者发泄情绪，也借此让其感受到你鲜明的个人风格和特点，通过跳跃的语言叩击读者的心门，实现转化。

一般情况下，这种方法适合用来写大众想说又不敢说的话题，用犀利的表达批判社会上存在的某些普遍问题。

（3）画面直击：让故事跳起来

文案故事的画面感至关重要，但要怎样才能用简短的文字呈现出来，这对一般写作者而言是一个难点。下面以女装品牌"步履不停"的"双十二"新品发布文案为例。

你写 PPT 时，阿拉斯加的鳕鱼正跃出水面。

你看报表时，梅里雪山的金丝猴刚好爬上树尖。

你挤进地铁时，西藏的山鹰一直盘旋云端。

你在会议中吵架时，尼泊尔的背包客一起端起酒杯坐在火堆旁。

有一些穿高跟鞋走不到的路，有一些喷着香水闻不到的空气，有一些在写字楼里永远遇不见的人。

出去走走才会发现，外面有不一样的世界，不一样的你。

这段排比句的文案故事展现的细节画面非常直观、真实，也特别能打动人。写出画面感最简单的方法就是增加动词的使用频率，描述场景要写某个东西正在做什么，用名词＋行为动词＋名词的描述让画面活起来。

博主也可以用地点＋物体＋动作展示，形成连贯整体的画面感，这样有非常好的视觉效果。例如，我写的下面这段具有画面感的故事。

冰雪缠绵着北风，
晚霞轻拂过山顶，
当炊烟从暮色中袅袅升起，
我觉得这是一天中最美的时刻。
对我来说，
炉火温暖，热茶滚烫，
于书中寻找一个个丢失的梦想。

任何一个故事都离不开画面直击。只有画面的灵动、跳跃，文字中的情感才能倾泻而出。其目的是通过画面的铺陈、动感包裹读者的思想和情绪，让他们缴械投降在博主传达的内容和思想中。

（4）感动：给文案披上温情的外衣

温情是人类最朴实的情感语言，虽不轰轰烈烈，但抚慰人心的效果却特别好。博主只要有情感的给予，读者就会天然地放下戒备，与你互动。下面以小红书品牌片的一段文案为例。

爱是什么样子的？

有时候，大动干戈；有时候，不动声色。

有时候，很呛人；有时候，很挑剔。

它落入生活时会变得很具体，具体到一口就能尝出它的全部。

有人离开家，也不会离家太远。有人回到家，放下世界走进厨房。一蔬一食，日复一日成为一家人。

爱的另一个名字是做饭给你吃。

这里对人人熟知的"爱"进行了别样的解析，通过做饭、情绪表达这样的小细节来渲染"爱"。

要让文案故事充满感动，每一个细节都要从实际生活出发。只要对平常生活里不易觉察的小事进行细致的描述，用充沛的情感语言表达，温情自然就出来了。例如，写独自在外深夜加班的难，我这样写就充满了感情。

以前我不明白，

为什么家会是那么多人的依赖。

直到那天，我在拥挤的地铁车厢被冷风吹醒。

回忆里就再也丢不掉心的寂静。

直到那天，深夜的路灯在头顶闪烁，让人生疼。

我在孤寂的街头用书当雨伞，跑向不知名的商店。

直到那天，我看见晨曦一点点透过窗帘，

天空的青蓝渐渐消失，喧哗声鼎沸。

人潮的汹涌澎湃像一阵大风刮过屋顶。

寂寞的心，

疲惫的人，

孤独的影，

不知道我的话语能不能让你明白，

家，是照亮每一个人的梦。

其实，文案故事的感动常常不需要高深的词语，写热茶、月光、父母的白发、家乡菜、书信、节日、回家的车票、独自在外租房等，都是营造感动的最好的一种手法。关键在于先确定文案的基调是深刻怀念，还是从感动中给予能量？然后，故事的情感要层层递进，从弱到强一步步流露出来，让看似平常的生活琐事成为文案情感的最好载体。

3.3　写好一个故事，单篇文案涨粉过万

美国知名记者乔恩·弗兰克林（Jon Franklin）曾这样说："故事就像是雪花，看上去差不多，但是每一片都不一样。"那么，让每一篇文案故事都精彩纷呈，才是写作的意义。

我在前文讲过很多有关文案故事的展现方式，以及文案故事的深度逻辑和写作技巧，但相对有一定的难度。尤其是对于初学者来说，要掌握并不容易。这一节再详细讲解爆款文案的创作诀窍和实操技能，让新手博主也能轻松写出爆款文案。

3.3.1　高效搭上快车的 2 种方法

"酒香也怕巷子深"这句百说不厌的话表明，再好的故事也需要外力的助推。因此，博主要让文案故事搭上快车，用巧劲强化读者的记忆点，提升内容的质感和读者的黏性。

（1）借势

当你听到"借势"这个词时，脑子里一定有了初步的想法。没错，写爆款文案故事需要借势。你除了要懂得技巧，还要很好地契合天时、地利、人和的各项因素，让好故事借势乘风破浪。

①借社会话题

当前网络媒体高度发达，各类品牌的广告文案通常会在特殊的日子里推出。如果文案写得特别好，就会比平时节约大量的时间建立用户心中的好感。

尤其中小品牌更是深谙此道，它们会借助"双十一""618"等全民参与的日子，趁着大众全都在购物、疯狂关注产品时推出相应的文案，从而快速走进大众的视线。

几乎每年天猫都会在"双十一"发布短片，其他各类品牌都会竞相效仿。2022年，天猫的文案是"天猫'双十一'情绪大赏"，很多品牌就推出了与之相符合的文案。

例如，江小白的文案"双十一，买得起放在购物车，买不来的在酒里"，美妆品牌的文案"别忘了，口罩的作用是隔离病毒，不是隔离美貌"，运动品牌的文案"有些事就算最后没有坚持下去，但至少在这一刻，你是对自己满怀期待的"。

"愚人节""毕业季"等也是文案故事快速传播的好时机。

例如，2022年毕业季时，小红书推出了一套文案："这就是我们独一无二的、查重率为0的青春。我们都有很多很多，何其荣幸！出发吧，没什么害怕的！去做吧，反正都不会后悔！"

②借特殊日子

博主还可以借助特殊的日子，如春节、国庆、中秋等和每一个人都息息相关的节日。

例如，高德地图的文案"这个十一，被十亿打动。兵马俑再一次出土，躺平的感觉有点舒服"，晨光文具的文案"国庆快乐，带上它的每段风景都有晨光"，蒙牛乳业的文案"举头望明月，低头思奶香"，58 同城的文案"月光所照，皆是故乡，双脚所踏，皆是生活"。

这些文案不需要太复杂的故事，只需要借助古诗词或节日气氛，稍微用心就能写出来。在特殊的日子里，博主要营造故事也相对容易，因为有了时间、人物、环境等基础的故事架构，在表达中多点转折，多点情感体验，故事的张力就出来了。

（2）借力

除了要借势，博主还要借力。爱默生说："我们征服了力量，于是我们便得到了力量。"借力的运用机会非常多，适用范围广泛。

①借热点

新媒体写作往往离不开热点，文案故事的传播也是如此。热点事件、热点人物会在某个时段疯狂吸引大众的眼光，这时博主可以巧妙借助热点话题开展自己的创作。

例如，董宇辉来自陕西的贫寒家庭，他通过读书改变了命运，其实很多人身上都具备这些特点。那么，为何不用来做对比呢？博主试着从自己或周围的人身上寻找有什么特点可以与之搭配起来，让有类似特征的人物故事借力使力。

这种借力热点的运用在方向正能量的基础上，以真实的故事背景做支撑，巧妙搭上热点，就能产生事半功倍的效果。

②借焦点

这里谈到的焦点有两种。首先，焦点是指最受大众关注的某一类群体，如外卖小哥、二胎宝妈、医生、老师等人群总是自带流量。当你在某一天与这些人产生交集时，你有了别样的观点和感触，那就可以巧妙地借助他们的身份特征写故事。例如，你要分享某种干货就可以巧妙地加上"我的医生朋友建议"，顿时能让文案更有说服力。

其次，焦点还体现在大众十分关注的话题上，如"考研还是考公""二胎妈妈怎么兼顾工作和家庭"等。

3.3.2 写好文案故事的 4 种实操方法

博主想要写出单篇涨粉过万的文案故事，除了要掌握各种技巧，更重要的当然是实操。虽然本章讲述了很多方法，但真正实操起来依然有一些困难。为了让新手博主更快掌握，能真正学以致用，我总结了更加简单有效的 4 种实操方法。

（1）短平快

新手博主想要快速写出惊艳的文案故事，"短平快"是一种相对好用的写作方法，通过急促、强劲有力的文字牢牢吸引读者的目光。"短"是精炼的语言；"平"是指观点稳妥，内容与大众的关联度高；"快"是指文章表达的含义能敏捷吸引读者的目光。

文案大师奥格威在 20 世纪为英国奥斯汀轿车写的一句文案："我用奥斯汀轿车省下的钱送儿子到格罗顿学校念书。"

这则文案极其简短，但信息复杂、很有内涵，用对比的手法将开这种轿车非常省钱的核心特点，以精准、深刻的方式扎进读者的心里。

钉钉公司经常发布这种类型的文案。

- ▶ 40 度高烧，呆在车里，出了一身汗，然后去提案。
- ▶ 深夜的挑灯和清晨的翻书声，是这些一个人努力的时光，让你更生动鲜活，理直气壮。
- ▶ 别人只看到我很惨，我却明白自己的使命感。

这种用时短、情绪饱满的故事，通过深刻的洞察力、敏锐的语言能快速触达读者。虽然没有过多的铺垫，却有足够的细节和感情表露，体量小却能量大。

实操过程中，博主要注重发散思维，懂得深度挖掘读者的需求，并把这些情绪变成一种诱饵，去关注和唤醒其内心深处不可言说的思绪。

例如，宝妈们都经历过深夜哄孩子的痛苦，这种倾诉如果表达不够有力，就显得轻飘飘。

我就这样来写："凌晨 3 点，我站在 17 楼阳台，用差一点就跳下去的力气狠狠转个身，孩子又醒了。"

这是一句非常简单的文案，却直观地写出了宝妈深夜站在阳台的崩溃心理。"凌晨 3 点""17 楼阳台"，先用时间＋地点营造氛围感；接着"差一点就跳下去"的动作描述展现出人物内心的挣扎，增添了故事的情绪。"狠狠转个身"这种简短词组非常有力量，同时也与前面形成转折，让故事起伏回旋。

总之，"短平快"写作方法需要一定的细节、画面、转折和情感来共同打造。

（2）金句法

一直以来，金句备受人们的信赖和推崇。因为一个好的金句可以抵挡文字的千军万马，一个好的金句能让文字历久弥新。但是，要写好金句实属不易。准确地说，写金句的方法有很多，包括押韵、叠词、回环、对比等。

钉钉这样写："每天一睁眼，养 50 个家。"

台湾全联超市推出不想出门就用"小时达"服务，文案主题是"每一个人的心中都有一扇最难打开的门"。

南京红山森林动物园推出文案："动物园不是看动物的地方，而是学会看待动物的地方。"

以上文案无一不是经典，几乎找不到比这更好的表达了。用这种方法写作，博主要学会找到问题的本质，抓住隐藏在读者心中的情感阀门，再用一定的技巧来书写。

例如，社恐总是被家人催着出去多交朋友，我就用金句法写文案：

"没有人知道社恐有多渴望认识新朋友，只因为他的心不配！"

例如，年轻人总熬夜，实际上自己也很纠结，我也可以用金句法写文案：

"从来不喜欢熬夜，只因一个人的夜太长。"

这两个金句文案精炼有力，且朗朗上口、传播性强。实操过程就是先抓痛点"渴望交朋友""不想熬夜"，接着用现实反差猛烈一击，"心态恐惧""一个人很寂寞"，说出这些不能改变的现实状况，以此替这个群体说出心里话，他们肯定会大力传播。

用金句写文案，如果稍微拓宽一些内容，完全可以写出一篇极具爆发力和情感张力的故事。因为开篇的金句足够给力，后续再延展开各种细节与画面，那些精准的痛点就成了故事的卖点。

（3）**映射法**

映射法就是通过外部的各种标签映射人类的某种共性，使其获得满足。例如，颜色可以映射人的内心，环境状态可以映射人的情绪，等等。

褚橙上市时的文案是这样写的："深秋，月亮从浊黄变成了冷白，人间却因为橙子变得稍微甜些。"

可口可乐借用"中国红"来突出品牌特征："国庆节快乐，每一天都有红色，但今天更特别。"

这种映射法比较新颖，写作的原理是通过世间万物固有的特性赋予到某个物品、某个人身上，实现移情，让读者产生联想和感动；同时，将宽泛的目标精准到一个个具体的对象身上，这个群体的人就会立即关注过来，并感觉自己受到认可、被尊重、被温暖。

例如，在大多数人的意识里，颜色也能代表心情，我试着这样写文案：

"人们常说性格决定命运，大概我的命运是红色的，所以我才这么倔强，怎么也打不垮。

"春节那天，我把一盏灯笼挂在屋檐，顿时我的心就暖烘烘了。"

第一句文案就是运用了红色代表不服输这种公认的含义，第二句文案置换了灯笼代表热闹这种基本的概念。由此可知，映射法不一定要把外部特点明确写出来，博主只需要借用某个大众都熟知的物品特性和意义来写，通过物品的色彩、气质映射出自己想表达的内容。

博主还可以用外部环境的浓烈或平淡映射自己的心理语言。通过这种方式写文案，氛围感更强，情绪也容易落地。

（4）**对话法**

通过对话巧妙地将两个看似不相关的事物联系起来，产生语言的陌生化，营造出别样的故事力。下面以韩国 HPV 疫苗广告为例。

男："姐姐，让我保护你。"

女："我们好像相遇得太晚了，我已经 40 岁了。"

男："还不晚，因为我是 HPV 九价疫苗。"（画外音：满 40 岁的女性也能接种的 HPV 疫苗。）

男："我已经有了新的想保护的人。"

女："不是我，而是其他女人嘛？"

男："不是女人，是男人，因为我是 HPV 九价疫苗。"（画外音：男女都需要的 HPV 疫苗。）

从这些文案很明显就能看出，拟人＋对话创造了一种新的故事意境，借用人人都熟悉的情节让文案语言站在新的落脚点上，传达的想象空间和张力更强。例如，我借用老板与员工的对话逻辑，写妈妈要求孩子努力学习的文案故事。

妈妈："其实，考 100 分不是你的任务，而是你的职责。"

孩子："我知道考 99 分都算不合格。"

妈妈："不是我的要求高，而是你要为自己负责。"

孩子："我知道，你只关注最后的结果。"

妈妈："那你让我关心什么？"

孩子："那我努力的过程你根本看不见？"

（画外音：父母就像老板，都只在意最后的结果。）

这段以对话法写的文案巧妙地把老板要求员工工作做到非常完美的情节，置换在父母也总是这样对待孩子的真实情景中，产生了巧妙融合、略带讽刺的效果，给予读者深刻的印象，也使故事呈现出熟悉的陌生化。这种新鲜的创意和展现形式能极大地增强读者对内容和观点的好感。

总之，故事写作是博主的基本功，而文案写作也离不开大量的练习，要想创新，博主就要多样化尝试，通过深刻地洞察，加以巧妙地整合、变换实现目的。

第 4 章

好文笔让文案更出彩

"文笔"是人们谈写作时经常提到的一个词，但好文笔不是字字珠玑、行云流水的华丽词语的堆砌，而是文字与内容、情感、文体的紧密契合和相得益彰。给母亲写一封信，不用每一个字都讲得如论文一般缜密；写一篇新媒体文案，无须用优美、抒情的字词来填充。所以，文笔可以有判断标准，但不应该有统一的衡量尺码，就像巴尔扎克所说："文采来自思想，而不是来自辞藻。"

好的文笔犹如一杯茶，清冽有味，余香袅袅；好的文笔就像装在匣子里的珍珠，可以让锦缎繁花变得光彩夺目，也可以让一片棉布熠熠生辉。

作为一名写作者，表达流畅得体，字词准确且回味绵长，让读者舒适并不失锐度，这才是文笔的核心。尤其是新媒体时代的文案写作抛弃了矫揉造作的无病呻吟，直白精炼、直击人心的文字才有生命力和穿透力。因此，更准确地说，提升文笔应该是提升写作能力，包括语言的修饰、词语的运用、结构的安排、文字的底蕴、个人的写作风格等，这是一种综合能力。

　　我和许多人交流过，他们总以为写作就一定需要非常好的文笔。加上大部分人都对自己的文笔不自信，就迟迟不敢写，并期望有一种方法能让自己学会以后马上妙笔生花。我只能坦白地说，这不可能。但是，通过一定的技巧和刻意练习，不求佳作连篇，至少能把凌乱粗糙的文字变得更流畅、更有感染力、更精致一些。

4.1　全面梳理文笔与文案

　　林清玄在《生命的化妆》中说："三流的文章是文字的化妆，二流的文章是精神的化妆，一流的文章是生命的化妆。"对于普通写作者来说，虽不求写出一流的文章，但必须让文章有深刻的人性洞察、细致入微的感知、独到的见解。尤其是新媒体写作，观点的表达比文笔的好坏更重要。相应地，文案写作又承担着另一种功能，对文笔的要求更明确、直观。那么，理清不同文体对文笔的要求是写作者首先要做的一件事。

4.1.1　新媒体写作与传统写作的差异

　　如果你在新媒体行业深度浸润超过 2 年就会发现，新媒体写作对人们的生活痛点超级关注。失业、没钱、情绪崩溃……这些原本应该藏在经历者内心深处的话题天天被拿出来在你耳边念叨，吸引你的注意。因此，新媒体写作就是专门剖析人性、探讨人心，告诉读者要怎样变好，或者教读者"避雷"。那么，这种以价值性为前提的新媒体写作所需要的文笔与传统写作有本质的差异，我总结了以下 3 点。

（1）内涵深度

谈到传统写作与新媒体写作的区别，大部分人认为传统写作有深刻的内涵、高远的格局，而新媒体写作都是粗浅庸俗的。我不评判这样的观点正确与否，只想陈述一个事实：传统写作并非全部都很高级，而新媒体写作也有强大的价值，也被许多人需要着。

如果把传统写作与新媒体写作进行对立比较，完全无意义。只是关于内涵深度这个话题探讨起来特别有趣。试想一下，在以前没有新媒体写作时，人们从不对传统写作的深度进行考量。只是当传播更迅猛的新媒体出现了，人们突然之间就以"深度"将二者进行比较。或许是通过一些质量非常高的文章映衬新媒体文章的直白，就贸然得出新媒体写作太差、内涵和格局都不够的结论。

实际上，这样的对比本身就不合理。没有统一尺度的评论都是个人的见解，就像著名学者朱光潜说："深人所见于物者亦深，浅人所见于物者亦浅。"

对于新媒体写作来说，文字广泛流传所带来的深刻意义远超文笔的价值。我认为，内涵深度不是二者的最大问题，价值性、实用性、艺术性才值得研究。

（2）内容表达

人人都知道传统写作题材无具体要求，但看似广泛，实则仍然有一些不可言说、只可意会的底层逻辑。例如，关于亲情的话题，你写自己与父母的相处就比写自己与孩子的关系更受欢迎。当然，某些特定的亲子刊物除外。

同理，如果你写自己很努力这样的话题，千万不要以为传统写作就很简单。你需要巧妙地选择一个角度切入，让你的努力不仅承担起你一个人的故事，而且通过这个背景渲染努力的必要性、深刻性。

新媒体就不同了，同样是写努力这件事，你完全可以大大方方地展示自己努力的过程、取得的成绩、拥有的野心等，只需要总结一些经验告诉读者，给予他们可借鉴的意义就好了。

总之，传统写作对文笔的要求更巧妙、更含蓄、更深刻、更难以琢磨，而新媒体写作对文笔的要求只有四个字：打动人心。

（3）文字风格

决定文字风格的因素有很多，这不是这里讨论的重点。这里探讨的是无论新媒体写作，还是传统写作，都有一个很朴实的共性，即对文字的精准、逻辑的顺畅、情感的表达等方面都提出了要求。

传统写作的逻辑更复杂多样，有艺术表达的需要。但它本质上依然强调一切方式方法都是为了吸引读者的注意，用于引导他们下一步的阅读欲望，最终通过思想情感的张力与出色的文字语言形成整体的统一，回馈读者精神的力量。而新媒体写作通常将这些概念进行套路化、简洁化的归纳。例如，要重点描述细节，文字要有画面感、有场景化、有情绪的爆发力等。

由此可知，新媒体写作对文字的要求很大一部分来源于传统写作，对风格的把控则更多是因为便捷传播的需要。

4.1.2　认识不同文案对文笔的要求

许多人认为，只要是文案，就是区别于传统散文、诗歌、小说以外的一种文体，需要的文笔都是一个样子。实际上，在新媒体出现以前，文案大多是指宣传广告文案。而今天的文案则包含多种展现形式，如新媒体软文、视频脚本文案、企业宣传文案、产品文案。这些文案对文笔的要求本质上差别不大，但表达形式有很大的差异。因为侧重点、落脚点、内容质感等方面的要求不同，从写作方式上体现出来可谓截然不同。

（1）新媒体软文

读者对新媒体软文都很熟悉，这种软文的共同点都是前面进行大量的铺垫，逻辑上层层推进，通过不断的情感营造或情绪刺激让读者"迷失"心智，最后为文案中推出的产品买单。

那么，这样的软文写作需要写作者有怎样的文笔呢？其实，这里更多针对写作者的思维能力有要求，写作者对节奏的把握和"钩子"的埋藏要做到位，关键时刻能在目标读者的心里猛然一击，让其产生震动。

但也不是说新媒体软文就不需要文笔，文字的自然流畅、语言表达的新鲜感和独特的切入角度也非常重要。好的新媒体软文并不直接讲述产品，重点在于铺垫和抓取读者的心理，使其对产品产生强烈的购买欲望。

（2）视频脚本文案

精彩的视频离不开出色的视频脚本文案。尤其是针对短视频脚本文案的写作，短短几分钟要呈现足够的信息量、有深度的观点、有吸引力的话题，还要为后面的视频设下伏笔，可谓难上加难。

我认为核心有几点，第一是写作者应确定文案的基调，如干货充足、观点独到、普及冷门知识、情感慰藉、格调优美、画风新奇或简单实用等；第二是紧紧围绕主方向开展写作，尽量去除旁枝末节，以免读者因为时间过短，只觉得表达太乱，接收不到有效信息；第三是首尾部分的文字要精炼有力、深刻有启迪性，这样才能大大激发读者的心理共振，使其对内容产生认可。

（3）企业宣传文案

企业宣传文案一般分为品牌故事、企业文化宣传两个模块。写品牌故事相当有讲究，除了要深度挖掘创始人的故事，还要注重人文关怀、品牌理念的塑造。因此，文案要短小精悍，文笔要精彩出色，用精妙的字词表达让故事具有可读性。而且，文案还要传递品牌创立时独特的精神素养：或慈悲，或正能量，或心怀天下。简而言之，就是写作者要用文笔对品牌进行深度包装，以出色的文字技巧烘托一种值得信赖、有宏大格局的品牌理念，让读者和用户对品牌产生敬佩之感。

企业文化宣传的写作一般根据企业的具体要求来定。因为新媒体的影响，现在的企业文化宣传不再像以前那样刻板、严肃。即使老牌国企也喜欢活泼、有新意的文笔，尤其强调文案的创意思维，要借助各种外部力量对一成不变的企业文化进行高级的、别样的包装和展示，以求突破读者早已疲劳的审美。

（4）**产品文案**

大多数情况下，产品文案都是企业与广告公司合作生产。这是一个较长的生产线，而且不受个人意志影响。

应该说，产品文案对文笔的要求比较高，需要一定的文化底蕴，对字词的打磨强调精益求精，重点是根据产品文案的基调而写作。例如，王老吉的产品文案就靠"怕上火，喝王老吉"一句话走遍天下，还有小米手机的文案"为发烧而生"。这些都用看似不高级，但含义很深刻的文案将产品特点展示做到极致。

产品文案的写作原则是要深度契合产品的特点，在此基础上以文笔的魅力实现最优秀的表达。例如，央视纪录片《如果国宝会说话》的文案"因为刻骨，所以铭心""那时风动，此时心动""6 000 年，仿佛刹那间，村落成了国，符号成了诗，呼唤成了歌"。

4.1.3 找准不同对象对文笔的理解

如果你面对不同的人群，写过各种各样的文字，你就会感受到不同群体对文字的要求可谓各种各样。除了每个人的理解和喜好有差异，不同的站位、不同的目的也会导致他们对文笔的要求迥异有别。这里对客户、读者、用户 3 个群体进行探讨。

（1）客户

文案写作者首先要面临的第一个对象就是客户，他们喜欢什么样的文笔，需要什么样的文案，往往他们自己也不知道。实际上，虽然客户提出的要求很多，但我们可以学着以小博大，用一根杠杆撬动他的真正意图。

客户想要"高大上"，是为了让其产品有品味、有格局。那么，你不妨直接按照客户的要求找到同类型最高级别的参照物，让其有初步的印象。这时他就不会乱说，而你就可以对标式与客户进行沟通，确定文案要表达的重点和实现的目的。总体而言，客户对文案的要求只有一个，目的性大于一切，文笔是否出色和精彩不是重点。

（2）读者

读者看一篇文案，他们一般没什么目的，就是很简单地欣赏。那什么样的文笔才能打动他们呢？首先是语言的陌生化、文字表达的新意会给读者一个强烈的好印象。当然，这种新意的表达要深刻有力，带来震撼和冲击，展现文字的魅力。

读者喜欢文案，进一步才会认可文案背后宣传的产品或理念，甚至喜欢写作者这个人。例如，旅行博主房琪的视频拍得很美，但更突出的因素是她的文案写得一流。大部分粉丝都因为她把平常的风景或故事用高级的技巧展现出来之后，读懂了一种文化和美的深刻内涵。

因此，写作者面对读者必须用心修炼文笔，努力做到极致。

（3）用户

用户是已经为产品买单的一个群体，他们希望看到的文案不是繁杂的修饰和技巧，只想要简单精炼、有共鸣的文字。因为简单精炼能让用户获取知识的方法更快捷，而有共鸣是为了让用户萌生一种值得感、满足感。

很多大品牌早已家喻户晓，按说经营者完全可以不用打广告，不用推出任何宣传。但是，这些品牌往往对文案最看重，最在意文字的表达。因为要持续制造用户黏性，文案是非常重要的一环。例如，特斯拉汽车与 Manner 咖啡结合推出的一则文案"充电，只需要一杯咖啡的时间"，这样的文案推出后不仅宣传了特斯拉汽车的亮点，也让特斯拉汽车的用户内心感到愉悦，进一步强化好感。

4.2　写作的精细化定位

这是一个强调精细化的时代，无论是运营、策划，还是写作，都必须做到精细化。然而，很多初学者连基本的写作逻辑都不太明白，要在这种情况下做到精细化实在太难。因此退而求其次，根据平台属性做好准确的定位，不必练就出色的文笔，只需要通过努力也能经营好一个账号。

4.2.1　自媒体时代的个人写作风格

纳博科夫在《文学讲稿》中谈到："风格不是一种工具，也不是一种方法，也不仅仅是一个措辞问题。它是作家人格的一个内在组成部分或特性。"这句话看起来有点空洞，简单地说，即风格不是由文字或幽默、或抒情这样的表达形式决定的，而是由写作者的性格、内在素养综合作用于文字的表达。

事实上，每一个人对自己并不真正了解，因而个人的文笔风格很难确定。尤其是新手写作者不太可能在短时间内找到自己擅长的方向，只能通过一点一点地练习，才能发现自己在写某种类型的文字时特别自然，文字的感染力也更强。相反，写作者在写自己不拿手的文字时会感觉别扭、难受。

确定个人的文笔风格，写作者大致可以从以下两种状态去摸索，如图 4-1 所示。

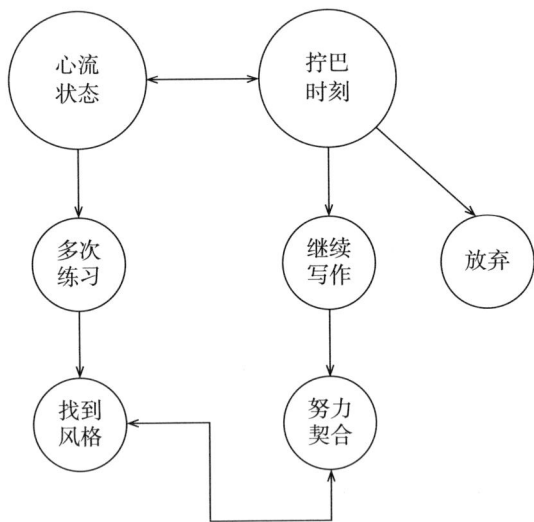

图 4-1　写作的两种状态

我认为写作者之所以喜欢写作，有一部分原因就是在写作中经常会有心流的感觉。那种意识和行动融为一体，写作者已经忘记自己，任由笔下的文字一个个流畅地跑出来的感觉十分美妙。这时，你可以看一看自己写出来的文字是什么风格。如果你多次进行这样的练习，渐渐地就能有大致的了解。

还有在写某些类型的文字时，你会觉得写起来很拧巴，字词粗糙，无法找到合适、自然的角度。这时不是放弃，而是逼着自己写，只是你要尽量让文字的细节符合自己的审美和习惯，进而就会变得喜欢它。慢慢地通过这样的强化练习，基本上一名写作者可以写出多种风格的文字来。

当然，不是所有写作者都能做到将不喜欢的表达风格通过刻意练习而变得自然。我只是说，个人的文笔风格往往会随着写作数量和质量的提升而相应地发生改变。

虽然普通写作者不可能像大作家那样持续推陈出新，不断挑战自己，但我们在文字风格上多尝试、多变换，写作的心流状态也会越来越多。写作就会真正成为一件很舒服、很美妙的事，而不是为了写作而写作。

4.2.2 让文笔契合平台

现在的自媒体有一个很突出的特征，即不同的平台有各自的需求和定义，我们不能将其笼统地概括为一种写作形式。就微信公众号、今日头条、抖音、微博、小红书这几个用户规模庞大的平台而言，它们的定位是形成差异化。写作者要让自己的文笔深度契合平台，符合平台用户的喜好。

微信公众号的用户体量庞大，对内容无偏好，对写作形式很包容。但正因为用户太多，后入局者想要出众就必须依靠出色、精彩的文笔，这是写作者出人头地的一个重要条件。先有良好的底蕴，再用有深度的选题、有辨识度的文字表达才能在这里站稳脚跟，就像2019年爆火的卢克文一样。

再谈今日头条。AppGrowing分析平台认为今日头条的男性用户比例高达77.6%，并且中年男性超过4成。他们喜欢时事新闻，对历史、真实故事及商界人物的奋斗经历最感兴趣。在这里写作，文笔就像辣椒酱，起到点缀的作用。用户更喜欢看精彩的故事，以及背后透露出来的有效信息对其是否有帮助。简单地说，就是实用性够强足矣。

现在，抖音和微博的差异并不大，文笔在这里是一件新鲜事，大部分人都不在乎。因为这些平台对写作者有其他要求，如人生阅历、运营能力、对新闻的洞察能力、视频编辑能力等。

我们回头看，发现还是小红书最朴实、简单。小红书只需要博主有基础的文笔，能把文字写得情感饱满、流畅自然就算合格。如果博主再有强大的表达力，写出不落俗套又精彩的语言，那就一定是其中的佼佼者。

写作者在了解平台的特性以后应该学会有的放矢，不要再担忧自己写得不好，而是认真学习写作方法，加强练习就一定能提升。

4.2.3 被品牌青睐的文笔是这样的

在自媒体如火如荼的当下，很多品牌会选择与博主合作发布广告。有些品牌只提供基础的产品信息和要求，让博主写文案。因此，博主面对品牌该怎样写出让对方满意的文案，这不是一件小事。如果文案写不好，产生的推广效果就会很差。

虽然世界上的品牌千千万万，它们的具体要求也不尽言说，但我总结了 3 个关键点，博主只要能做到，写出的文案就不会差。

（1）直击痛点

例如，每日优鲜的广告："有时吃一口，就泪流满面，不是因为太辣，而是因为家乡太远。"

台湾全联超市的广告："长得漂亮是本钱，把钱花得漂亮才是本事。"

房产公司的广告："别让你的房子，拖累你的孩子。"

面对这 3 条文案，你只要轻声默念，就能立即感到心都收紧了，因为它们太戳心。"家乡""本钱""漂亮""房子""孩子"，个个都和生活紧紧联系，只要一拉扯就感到痛。

"痛点"是这个时代的热门词，所有人都在强调。但对于品牌来说，仅仅找到目标群体的痛点还不够，还要直击痛处。所谓直击，就是把"痛"撕开、揉碎，再包裹好拿给读者看。因此，博主必须学会洞悉，敢于剖析痛点背后的原因，然后用对比、弥补或安抚的形式将目标产品提出来。简而言之，就是拆解痛点＋情感安抚。这种写作一般比较考验博主的文笔，呈现的文案要像金句一样深刻、有嚼劲。

（2）幽默有趣

博主想要快速打动品牌商，幽默有趣的文笔是一个很好的加分项。人们天生就喜欢笑、喜欢开心，自然也喜欢看风趣的文案。

例如，KFC 有一句文案："一门心思做咖啡，我的鸡都嫉妒了。"

某 VR 眼镜的文案："我也有女朋友，只是你们看不见。"

钉钉的自嘲文案："投资人表示很喜欢这个项目，决定自己上。"

这种简洁、愉快的文字能轻松吸引读者的目光，并传递品牌的价值，谁看了都会喜欢。一般来说，这要求博主有敢于创新的意识，舍得抛弃惯常、老旧的写作技巧，重新进行思考。这个过程就是从品牌的特征出发，进行横向与纵向的对比，最后巧妙加入目标对象的亮点来写文案。

（3）自带营销

其实，自带营销功能的文案深得品牌的青睐。不需要复杂的词语，就是简单有力的口号喊起来，立马就有了影响力、传播力，得到品牌商的大力夸赞。

例如，脑白金的广告："今年过节不收礼，收礼还收脑白金。"

农夫山泉说："我们不生产水，我们只是大自然的搬运工。"

士力架的广告："横扫饥饿，活力无限。"

这些文案看似没有高深的文笔，但朗朗上口，顺耳又顺心。有些品牌就是追求让文案自带营销功能，一旦出现就是经典。然而，要实现这样的效果难度不小，前提是经过大量的思考和调查，各种灵感及脑洞的大开，加上整合归纳，最后才能做到。

4.3 新手也能快速提升文笔

新手写作者最头疼的事，就是觉得自己写出来的文字不仅干巴巴，而且空洞乏味。诚然，提升文笔这件事没有捷径。但文笔最核心的定义不是漂亮的辞藻，而是一种思想。尤其是自媒体写作已经成为人人都能通过学习而掌握的一项技能，那么文笔的提升也可以通过学和练来实现。

4.3.1 从名家那里找文笔

杜拉斯的著名小说《情人》的开篇，多年来一直被奉为经典。我们一起来看这段话为什么很经典、很精彩。

我已经老了。

这是一个时间的表达，好处和亮点是什么呢？很多经典名著的开篇都特别注重时间、地点的多层次展现，以此凸显小说的深度和广度，向读者暗示主人公人生经历的坎坷与厚重。例如，一直被无数人称赞的《百年孤独》开头第一句话也是如此。

因此，这短短几个字就带着极大的内涵，奠定了这是一本回忆小说，也激发了读者的阅读兴趣。

有一天，在一处公共场所的大厅里，有一个男人向我走来，他主动介绍自己，他对我说……

这句话具备故事的几个基本要素：时间、地点、人物、过程、结果，并且一句话就写出了非常清晰的画面感。除此以外，这句话还有强烈的吸引力，吸引读者非常迫切想要看这个男人到底说了什么。

我认识你，我永远记得你。那时候，你还很年轻，人人都说你美。现在，我是特为来告诉你，对我来说，我觉得现在你比年轻的时候更美，那时你是年轻女人，与你那时的面貌相比，我更爱你现在备受摧残的面容。

这句话依然有很多个表示时间的词语：永远、那时候、现在、现在的你、年轻的你、你那时、你现在，让你读起来一定觉得有点晕。经典小说就是这样，作家非常擅长把各种时间汇聚在一起，以此构建极其复杂的画面和空间，营造强大的感染力和吸引力。

杜拉斯的这篇小说发表于 1984 年，当时不推崇写金句、写对称形式的句子。因此，最后一句的表达结构具有开创性和独创性。表达的意思也很独特，又是它非常精彩的一笔。

由此可见，真正的好文笔不一定是优美华丽的文字堆砌，也不一定是复杂高深的语句。真正的好文笔是一种思想，一种透过文字传达出来的深刻的意境和内涵，以及写作者独特的观点和个性。

如果你看过很多名家经典就会明白，每一位作家的语言风格各不相同，可以说大相径庭。哪怕是同时期获得诺贝尔奖的作家，同样有很大的差别。有人崇尚简洁含蓄，写作力求精炼，一个字都不能多。例如，1954 年获得诺贝尔奖的作家海明威在作品《午后之死》中提出著名的"冰山原则"，强调字面上只写八分之一，剩下的八分之七要体现在文字内涵中，让读者自己思考。

与海明威同时期的作家威廉·福克纳完全是另一种写作手法（他于 1949 年获得诺贝尔文学奖），他非常喜欢写长句，一句话要回环转折很多次，包含无数个带修饰的词语。

我们的生命怎么就悄然化为一些无风、无声、疲惫地重复着疲惫的姿态；化为没有手在没有弦上拨动的古老的振响的回声；夕阳西下时我们凝成了狂妄的姿态，玩偶们僵死的姿态。

这句话有很多修饰词，非常复杂，句子也很长。但如果你细细读下来一定会觉得这写得非常好。也许，不了解福克纳的人认为他没什么了不起。事实上，不论是国外还是国内，福克纳都是公认的顶级作家，是马尔克斯等很多文学大师的学习模仿对象。

因此，真正的好文笔、好作品没有固定的评判标准。即使在同一个时代，含蓄简洁能被高度认可，多样复杂的修饰也能得到人们的喜欢。最重要的是你能不能把自己的写作方法修炼成一套体系，并强烈、深刻地影响到他人。无论是文学还是新媒体写作，这个道理都是通用的。

真正好的文学作品，一定有作者独创的技巧。而对于新媒体来说，好的作品和文字一样需要技巧，只是方法相对简单。首先，新媒体写作对文笔的要求本身没有那么高，不需要高深的复杂词语修饰，更多是需要简洁有力、深刻精炼。其次，这种写作更提倡自由、随性，不喜欢被各种框框限制。写作者只要真心、真诚地书写，就能被读者喜欢。

4.3.2 提升文笔的 5 个深度技巧

关于文笔，我在前文已经讲述了很多，这一节直接以实操来解析。我总结了新媒体写作中非常好用的 5 个文笔技巧，即使学会一个也可以让你写出来的文字不再平庸，并且有特点、有亮点。

（1）巧用古诗词

众所周知，古人留下的诗词是一座宝库，不仅文字优美、含义丰富，而且很多经典传奇故事都值得写作者学习和借用。

古诗词的巧妙借用有 3 种。第一种是直接借用诗句中的某个词语，自己再写几句，变成自己的诗句。例如，白居易的《大林寺桃花》。

人间四月芳菲尽，山寺桃花始盛开。
长恨春归无觅处，不知转入此中来。

我就借用了其中的"人间芳菲"，写了几个充满意蕴的句子：

所谓人间四月天，芳菲易散春意浓，拈指一朵俏如嫣。
所谓人间四月天，绿香盈袖蝶双飞，花影月下人惆怅。

这种巧妙借用某句古诗再自己写诗句的方法，对文笔的要求不算很高，只要你有一定的功底，稍微多用心想想就能写出来。借用古诗词不算抄袭，只要你合理、巧妙地运用，写出了属于自己的精彩句子就算成功。

2022 年，博主"北大满哥"创作的一篇小满节气的文案火遍全网，其中的部分内容就是他借用古诗词，改编成了一首全新的诗：

花未全开月未圆，半山微醉尽余欢；
何须多虑盈亏事，终归小满胜万全。

其中第一句借用了宋朝名臣蔡襄的诗句，原文如下：

花未全开月未圆，看花待月思依然；
明知花月无情物，若使多情更可怜。

你读了这两首诗就会发现，"北大满哥"改编后的诗句意蕴和情调更浓烈，词句的搭配更美妙。这种借用就是创造了更好的生命力，让古诗再一次发挥迷人、隽永的魅力。如果你能像这样引用古诗写出更深刻、更符合现代人意境的诗句来，就是你的本事和能力。

第二种借用古诗词就是巧妙借用里面的人物故事和背景，用来写自己的文字，让自己的故事更有文化底蕴。例如，房琪就经常借用古诗词来写文案。

沈园刻下的钗头凤碑，
在纪念陆游、唐婉。
红酥手握不住期盼，
黄藤酒怎饮得尽悲欢？
水枕江南，
安昌古镇，

便是那梦里水乡畔。

推开小轩窗，

对镜正梳妆，

这红灯忽明忽暗，

水波或急或缓，

怪不得身在江南，

便总叹这姻缘婉转。

它曾是会稽山阴，

有西施更有兰亭，

这一场江南梦啊，

不如，就留在绍兴。

　　房琪的这篇文案以陆游和唐婉的故事为基调，写江南水乡的姑娘思念梦中情人，又巧妙借用了苏轼《江城子·乙卯正月二十日夜记梦》中的"小轩窗，正梳妆"。这样就营造了一幅江南如梦如幻的美景图画，而且自然增添了故事感，文案的感染力、韵味成倍增加。

　　第三种是写作者可以试着用自己的语言仿写古诗词，经过一段时间的练习能极大地提升文笔。例如，晏殊的《踏莎行·小径红稀》。

　　小径红稀，芳郊绿遍。高台树色阴阴见。春风不解禁杨花，濛濛乱扑行人面。

翠叶藏莺，朱帘隔燕。炉香静逐游丝转。一场愁梦酒醒时，斜阳却照深深院。

再看我的仿写。

曲径通幽，烂熳海红残挂，片片花飞去。芳草萋萋缀新枝，满目苍绿熏人醉，高台树色日渐浓，茵茵草色天如海。春风不解杨柳花，飞絮满枝丫，蒙蒙乱扑行人面。莺莺藏柳春心透，燕穿珠帘暗锁扣，香炉可待熏，游丝袅袅烟如散，一场愁来一场梦，把酒一盏，贪欢半饷，酒醒时分，斜阳残照庭院深深。

虽然你不一定仿写得好，但这种练习对提升写作能力非常有帮助。另外，古诗词的巧妙借用不限定文体，任何写作都可以用。更重要的是通过借用古诗词，你能接触到很多优美的字句，对韵律的理解更深刻，会深深喜欢上古诗词。经过耳濡目染地学习，你能从根本上提升自己的文学底蕴。

（2）写金句

有句话说"没有金句的文案，不算好文案"，那么写好一个金句就是写作者的基本功。但是，要写好金句并非易事，新手写作者经常绞尽脑汁也想不出金句。我总结了 2 个技巧以供读者参考。

第一，用关联句式写金句。关联句式运用在金句写作中，既实现了强大的金句力，也让写作更快捷。

①"只有，才能"这种句式突出前半句，前面说原因，后面说结果，前后形成因果关系，非常简单。例如，"只有靠近光，才能被光照亮"。

②"没有，只有"这种句式适用于否定前半句，重点写后半句，形成反差和强烈的感染力。例如，"没有绝对的好日子，只有十足的好心态"。

③"不是，而是"这种句式的重点也在后半句，但可以变换的格式更多，适用的地方也非常多。例如，"不是没有美，而是我们缺少发现美的眼光"。

④"不想，那就"这种句式是起承转合的关系，前面突出结果，后面写改变的方法，包括写感情的地方也可以用。例如，"不想被动等待，那就勇敢去追"。

⑤"越是，才能"这种句式前后递进，先肯定前面，再给出后面的解释，非常好用，也容易上手。例如，"越是胆怯，越要假装坚强"。

⑥"要么，要么"这种句式前后并列、互相依存，属于万用性质，任何一个地方都行。例如，"要么出众，要么出局"。

用关联句式写金句当然不止这些，我在这里只是抛砖引玉。写作者要多总结、多思考，就能写出金句来。在运用的时候，写作者可以写得更复杂，与环境和需要表达的主题灵活搭配，形成强有力的金句文案。

第二，用回环反复形式写金句，相对有一定的难度，但写作者只要练习也能掌握。

例如，天猫的文案："生活的可爱，到生活里爱。"

彩棠的文案："与其要求我们正面去看世界，不如让世界来看正面的我们。"

房琪的文案："我不止追光，我还要这光为我而来。"

这种回环的表达通过强调某个关键词将简单的词语变得意义深刻，而且能发人深思，让读者产生很好的共鸣。

例如，我这样写了几个金句：

"别被生活打败，去打败生活。

"简简单单是人生，人生不止简简单单。

"我要放肆生长在每一天，我还要每一天都为我而放肆。"

其实，只要我们用心写，也没有那么难，就是需要用点力气多练习。

（3）白描手法写细节

白描手法是指用最简练的笔墨，不加烘托，描绘出鲜明生动的形象。无论文学还是新媒体写作，白描手法写细节和人物特征都非常好用，能够帮助写作者把故事写得精彩生动，饱满立体，有感染力。

鲁迅的作品中有许多使用白描手法的范例。例如，小说

《药》的以下描述：

老栓也向那边看，却只见一堆人的后背；颈项都伸得很长，仿佛许多鸭，被无形的手捏住了的，向上提着。

这段话利用一连串的动作描述"向那边看""伸得很长""仿佛许多鸭""被捏住了""向上提着"，极其简练地勾画出一群看客的急切和愚昧，加上比喻的修辞手法，画面感十分鲜明、真切。

由此可见，白描手法就是把人物的外貌、动作或环境一一展开，利用动词＋名词对某一个画面展开描摹，并紧跟两三句对之前画面的补充动作描述，接着用修辞手法对人物的心理或环境状态进行深度渲染。

米开朗基罗说："在艺术的世界里，细节就是上帝。"这句话用在写作上再精准不过。白描手法就像剥洋葱那样把每一片都展开，用细微、简洁、生动的语言进行勾勒、描画，再辅以轻盈、灵动的词润色。

例如，《舌尖上的中国》用白描的语言把食物描述得让人垂涎欲滴，"稻花鱼去内脏，在灶上摆放整齐，用微弱的炭火熏烤一夜，现在需要借助空气和风的力量风干与发酵，将共同制造出特殊的风味，糯米布满菌丝，霉菌产生的各种酶使淀粉水解成糖，最终得到爽口的酸甜。"

这里将稻花鱼的制作过程写得纤毫毕现，依然是动词作为表达的核心，通过连续的多个动词短句，以依次呈现的方式铺开在读者面前，形成的画面浑然一体。

普通写作者虽然在开始时写不到那么好，但可以多进行细节练习，提升画面写作的表达力。

例如，我以前写的这一段话就是白描手法："当我在深夜的书桌前用力写字的时候，可以听到鸟的翅膀清晰划过，空气里飘荡着风的身影；也可以听到青蛙与蝉鸣的合奏，随着热浪的翻滚。住在这里，生活成全了梦想，远方和诗都归你。"

其实，白描手法并不复杂，只需要写作者足够勤奋。这是快速并狠狠提升写作能力的一种技巧，新手也可以大胆运用。

（4）妙用色彩

张爱玲说过："颜色这样东西，只有没颜色的时候是凄惨的，但凡让人注意到，总是可喜的，使这世界显得更真实。"因此，她笔下的每一种物品都有色彩，饮食、环境、声音、气味都被她用细微幽深的笔墨描绘出来。

她在《第一炉香》里写葛薇龙眼里的别墅："姑母家的花园不过是一个长方形的草坪，四周绕着矮矮的白石子栏杆，这园子仿佛乱山中凭空擎出的一只金漆托盘，屋子绕着宽绰的走廊，当地铺着红砖。薇龙一抬眼望见钢琴上面，宝蓝磁盘里一棵仙人掌，正是含苞欲放，那苍绿的厚叶子，四下里探着头，像一窠青蛇，那枝头的一捻红，便像吐出的蛇信子。"

张爱玲用了多种色彩来烘托姑母家的森严与冷冽，向读者暗示主人公的悲惨命运。

普通写作者不需要那么高级的颜色意象，只要巧妙地把色彩写进文字里，展现的效果就很惊艳。

房琪就非常喜欢运用各种色彩。"粉红色的晚霞""琥珀色的黄昏""天阙般的纯白""草莓的冰沙""彩虹的大地""粉色的花田""马卡龙色的大海""深邃蓝""流光溢彩的梦境""海棠的粉红""浅淡的桃花""连绵山川做配，星点桃花点缀"这些原本普通的词语，房琪加上色彩来融合，顿时显得优雅又别致。

写作中，色彩的精妙搭配可以起到映衬、暗示、强化、肯定的作用。尤其是写人物内心活动，以色彩的明暗或交替烘托和展现人物的心理语言。

写新媒体文案巧妙运用颜色，能让普通的场景和故事有更高层次的生命力，让文字的意蕴和质感彰显得淋漓尽致。例如，我示范写了以下一段秋日的画面。

寻一抹黛绿，让远山的红叶添一笔苍翠。风吹过来，纷飞的落叶在灰墙绿瓦间私语。近旁的溪水里，有一朵白云正忙着追赶孩童手中的五彩风筝。这是一个淡青与粉红交替的午后，有凉意，有雨滴飘在伞尖的俏皮，它满足了我的惆怅脚步和一首诗。

我运用了很多色彩，绿、红黄、白、五彩、淡青、粉红等。其实也能看出来这并不难，只是你在写作时要有意增加一些表示色彩的词语，让文字的感染力更强。

（5）巧用修辞

提到修辞手法，你或许认为比较好理解，但是初学者并不能真正运用好各种修辞。因为看似简单，想要运用修辞技巧写出精彩的语句还是难度比较大的。我们来看著名作家阎连科的小说《年月日》中的几个语句。

▶ 千古旱天那一年，岁月被日阳烤成灰，用手一捻转，日子便火炭一样粘在手上烧了心。

▶ 先爷脸上的笑意也红粉粉地荡漾一层儿。

▶ 日光也恢复它的活力了，强强硬硬着，使田地里发出清晰炽白的咔嚓声，宛若熟豆荚在烈日下爆裂。

你是不是感觉这些语句的修辞手法比较平常？但组合在一起的效果很好，显得特别有深度，含义也非常浓烈而深刻。

"岁月被日阳烤成灰"，这里把"岁月"比喻成"灰"显得真实可感，本来二者之间没有联系，通过"烤"把它们巧妙地融合在一起，形成一个新的意象和画面，传达了强烈的思想感情。

"日子便火炭一样粘在手上烧了心"，这里把"日子"这种虚拟名词比喻成"火炭"本身很有想象力，"烧了心"又是一种夸张。一句话用两个修辞手法，互相搭配，可谓精妙之极。

"先爷脸上的笑意也红粉粉地荡漾一层儿"，这句话把笑意用"红粉粉"修饰，新鲜又独特，也有几层深意，展现了先爷的精气神很好。

"日光"用"强强硬硬着"的拟人手法进行塑造，立即让读者感觉到日光仿佛一个高大的人那般。接着，"田地里发出清晰炽白的咔嚓声"又是拟人。最后再来一个比喻。三种修辞技巧的精妙配合，让语言极其高级又有创新性。

由此可见，好的比喻就是找到两个相隔较远的物体之间的共同点。意思就是本体和喻体之间原本毫无关联，相隔十万八千里，但在某种特定的语境下，它们的特征竟然有了联系或有相似之处，这时用某个关联词进行巧妙连接，产生一种熟悉的陌生感瞬间打动读者。

应该说，真正好的修辞手法没有局限，也不是以前学的那样一定要用固定的词语修饰某种东西，"春天像姑娘的手""雪白的山顶就像馒头"这样普通又乏味的修辞已经行不通了。

运用修辞手法时想象力要足够丰富，要有美感，但又不能太空洞。所谓不能太空洞，就是比喻的喻体应该是很真实、很准确的物体，不能比喻成一种很空洞的东西。

文案写作中，修辞手法的运用十分广泛，也深得读者的喜欢，因为运用好了就会产生很好的效果。有很多经典文案都离不开修辞的技巧。例如，印度的公益广告呼吁人们要多陪伴老人："有时候，孤独和关节炎一样痛。"这里运用了比喻的修辞手法，将孤独变得具象而真实。

除此以外，我们还可以在新媒体写作中运用修辞手法。我以前被"人民日报"微信公众号转发的文章"人没办法事事如意，但总有些事值得珍惜"中就运用了修辞手法，如图4-2所示。

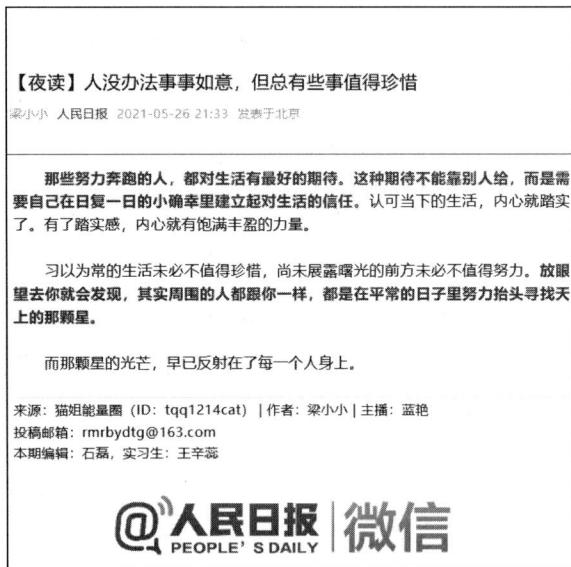

【夜读】人没办法事事如意，但总有些事值得珍惜

梁小小 人民日报 2021-05-26 21:33 发表于北京

　　那些努力奔跑的人，都对生活有最好的期待。这种期待不能靠别人给，而是需要自己在日复一日的小确幸里建立起对生活的信任。认可当下的生活，内心就踏实了。有了踏实感，内心就有饱满丰盈的力量。

　　习以为常的生活未必不值得珍惜，尚未展露曙光的前方未必不值得努力。放眼望去你就会发现，其实周围的人都跟你一样，都是在平常的日子里努力抬头寻找天上的那颗星。

　　而那颗星的光芒，早已反射在了每一个人身上。

来源：猫姐能量圈（ID: tqq1214cat）｜作者：梁小小｜主播：蓝艳
投稿邮箱：rmrbydtg@163.com
本期编辑：石磊，实习生：王辛蕊

@人民日报｜微信
PEOPLE'S DAILY

图 4-2　笔记示例

文章中"那颗星"就是用了象征的修辞手法，象征着美好和希望。如果这里不用修辞手法，直接写"都是在平常的日子里努力抬头寻找希望和美好"，就没有一点感染力和韵味，十分寡淡。运用修辞手法以后，语句立即显得很独特，也为下一句充满意蕴的话做好铺垫。

因此，新媒体写作也可以运用修辞手法，前提是写作者要掌握这些技巧，多努力练习，同时要增加阅读量，提升自己的文化底蕴和内涵。

第 5 章

爆款笔记的写作技巧

　　如果你开始新媒体写作，那么你最在意的事不是文章被人批评写得太差，也不是担心写不出好文章，而是恐慌文章根本没有人看。这种对阅读数据的焦虑会伴随着每个新媒体人，以至于经常让他们茶饭不思，或者不得不拼命想选题。

　　其实，写作的一切目的都是为了表达和吸引。只是新媒体写作会把写作者与读者捆绑在一起，通过网络进行互动交流。关键是人们因共同的兴趣爱好、一致的目标而自发主动聚合在一起。从某种程度上说，爆款笔记就是为了吸引更多有缘人千里来相聚，写出爆款笔记是写作者面对理想和现实的最优选择。

　　怎样写出爆款笔记是一个迫切需要解决的问题。尤其是小红书的博主们，有些人把家庭经营得很好，但欠缺文字表达能力；有些人有丰富又独特的工作经验，却很难将内化的知识写得被人称赞。虽然人人都能写，但写出来的文章有云泥之别。因此，我对几百位博主的内容进行对比、分析、甄别、反思，并结合我的写作经验总结了多种笔记的写作技巧。

5.1 学习成长笔记的写作技巧

很多人使用小红书的理由，就是把小红书当成资料获取、学习成长的地方。尤其是"90后"和"00后"年轻人习惯用小红书来答疑解惑，并且会努力靠近自己喜欢的博主，变得和他们一样优秀。因此，有关自律、格局、个人成长、认知、表达力、情商、写作、读书、赚钱等话题的选题一般都很受欢迎。这种笔记应该怎样写呢？我从3个方面来总结探讨。

（1）重点内容

博主想以学习成长的经验获得大量读者的认可，封面必须做到有爆点、有亮点、有痛点。学习本身就是一件有难度的事，在没有强烈需求的情况下，读者不太可能主动了解。博主必须让封面呈现强大的吸引力，足够打动读者，让他们放弃娱乐的心态关注内容。

①有爆点

爆点的展现方式有很多，这里简单总结几个，一般体现在封面图片和标题的搭配有反差、有夸张、有利益、有价值、有情绪。

②有亮点

笔记封面的风格、质感要适合年轻人，要小资、精致一些更好。笔记切忌千篇一律，不要跟着别人的一个模子做。这种亮点有时也可以是你自己总结的独特的方法等。

③有痛点

这里是指选题的描述角度要能刺激读者的神经。例如，自律这个很受关注的选题被写过太多，那么博主可以换个落脚点来写。"30 岁表哥从不说自律，却靠送外卖全款买 100 万元的房"，这里就是把买房和自律两个高频词搭配起来，有新意，又能刺激读者的神经。

（2）**技巧拆解**

这种笔记有 3 个非常重要的技巧。

①逻辑的顺畅

文案的表达逻辑一般是提出内容中的痛点以先声夺人，或者把文案的亮点前置，给读者一个留下来看内容的强有力的理由；接着分析原因，再列出解决问题的条理明确的方法，中间可以进行举例演示或简单的案例说明，结尾要增强共情，用正能量的语句提升点赞量和转发率。

②情绪的处理

这类笔记要节奏快、气氛饱满、积极自信地表达，忌讳任何一点的犹豫和摇摆。博主必须以强烈的自信心、获得成长之后的兴奋感打动读者。

③独创性

这类笔记的话题内容很宽泛，但很容易与其他博主出现角度、内容的重复。因此，你要从家人或亲戚朋友那里找到新的点来写这些千篇一律的话题，创造独有的特点。

（3）**注意事项**

第一，忌讳选题的落脚点很空洞、不精准，这就无法让读者产生兴趣。

第二，博主需要像榜样那般引领读者，但又不能太过于包装自己，既要亲和贴心，又要有积极的正能量。

5.2 科技教育笔记的写作技巧

严格地说，科技和教育不应该是同一种类型，但我认为它们的写作技巧相差不大。因为这两种笔记都是用专业能力和极强的实践经验赢得读者的认可，都需要展现博主优良的水准、精深的知识背景。我在这里探讨的类型包括医学、测评、互联网软件、科普和各类学科教育的笔记。

试想一下，喜欢知识和科技的读者本身就有很强的求知欲，他们涉猎广泛，对一切都充满了探索的欲望。那么，博主就要展现自己在该领域的研究足够用心，有长时间的真实历练，不是泛泛而谈，这样才能打动读者。

（1）重点内容

我总结科技教育笔记写作的重点内容，有 3 个强调：强调数据真实准确、强调结果有效、强调实践过程因人而异。因为如果博主不强调这些关键要素，读者会认为自己在看一篇不痛不痒的笔记，没有感觉到博主有多专业，也无法感觉到博主的用心。那么，他们在观看时就不会真正做到专心致志，博主的努力就白费了。

①强调数据真实准确

这种强调可以有多种方式，最简单的方式就是一定要把调查的过程、获得数据的步骤完整、详细、准确地展现出来，体现博主对内容的较真、用心。

②强调结果有效

这是为了让读者信赖，使他们对笔记中方法的可操作性有兴趣，从而主动提出见解，这样能提升点赞、收藏、评论的数量，形成良好的助推。

③强调因人而异

这种笔记一定要强调实践过程的因人而异。因为技术和实践这种事从来都需要依靠个人的领悟和动手能力，有个人差异，也有实践差异。

（2）技巧拆解

这类笔记的写作本质上没有太多技巧可言，关键在于博主对自己所处领域的信息和知识的掌握是不是足够前沿、精深，或者博主领悟了一些窍门要分享出来。简单地说，这里有两个关键点。

①信息差

这是指博主能提供读者不知道的、新鲜的一手信息，尤其是在科技、教育领域。如果博主能长期保持这种优势，并把这种信息差展现得足够有吸引力，就会很受欢迎。

②经验差

这是指博主要真诚且细致地分享自己在某方面经过验证的实战经验，必须体现这种经验的优势和稀缺性。例如，博主"雪梨老师"就是凭借分享自己摸索的学习英语的经验，让读者获得了实实在在的启发，从而快速提升英语水平。

（3）注意事项

第一，内容不卖关子、不打幌子，直接给出明明白白的、让人有收获的东西。喜欢这类内容的读者对时间非常看重，喜欢干脆利落。

第二，一定要在看似差不多的选题、内容上做出新意，建立博主的专属记忆点。

第三，注重展现笔记内容和经验的细、巧、实，以有用性、专业性作为传播的核心价值。

5.3　母婴育儿笔记的写作技巧

母婴育儿笔记是小红书笔记的一个大类，因为很多妈妈都会分享自己的育儿经验，哪怕她们没有专业的写作思维。发布多了，有些妈妈的笔记能够突然爆发，但大部分妈妈分享的内容激不起一点水花。其实，要做一名母婴育儿博主，必须掌握一些关键点。

（1）重点内容

试想一下，关注母婴育儿的群体大部分都是家里有孩子的人，其目的有两个。第一是寻找共情，因为带孩子太累了，妈妈们想在网络上抒发感情，得到其他妈妈的安慰，顺便探讨和交流自家的孩子。第二是学习育儿经验，这是妈妈们的刚需。

那么，母婴育儿笔记呈现出两种情况。一种情况是孩子超级可爱，专门靠卖萌获得极大的关注。例如，双胞胎姐妹或多胞胎宝宝不需要过多的技巧，仅仅展现日常生活就能让无数人喜欢。另一种情况是普通妈妈通过分享自己的育儿经验寻找同类、获得认可，这才是小红书里大部分育儿博主的真实状况。那么，笔记内容就必须做到有用、实用、好用。

①**有用**

博主必须明白，你认为有用的东西在其他妈妈那里不一定如此。你一定要强烈突出这个物品为什么有用，使用之后对孩子的好处是什么。你可以试着展现使用前后的巨大差距，这样才能吸引其他妈妈。

②**实用**

大部分妈妈认为，实用就是少走弯路，拿过来能直接用在自家孩子身上。那么，母婴育儿笔记就必须突出经验的普适性、可复制性、简单又轻松等特点。

③**好用**

有些妈妈分享月子里用过的好物品，直白地讲述很难有吸引力，就可以尝试加上吸引人的选题点。例如，"月子里有了这3样东西，我好想再生三胎！"那么，读者对这个物品的好奇程度能瞬间提升5倍，点进来看发现内容确实不错，就会顺便关注博主的其他笔记。

（2）技巧拆解

母婴育儿笔记的写作技巧其实有很多，主要是抓住父母的心理。例如，恐惧诉求这种技巧可以恰当运用，但不要太过了。

当然还有以下方法也不错。

①借用搭档

博主不一定要把所有注意力都放在孩子身上，也可以从其他人身上出发。先梳理家庭环境，也许是妈妈会拍照，也许是爸爸很幽默，或者是奶奶特别能干等；找到一个突出的点后，再根据自家孩子的性格设定一个明确的方向，让某个家庭成员和孩子捆绑出现。一般来说，互动更强的笔记能够有更多可讨论的焦点，也更容易激发读者的共鸣。

②经验探讨

博主除了一门心思拍摄孩子，还要想方设法把外部话题运用在孩子身上。例如，专家的育儿理念、大众都提倡的育儿方法等，博主可以适当挑选一些进行试验，这样既能增加话题点，还能通过你的尝试让其他妈妈在无形中学到很多，让自己后面分享的干货及经验探讨更有依据。

③加入爆点

博主还可以尝试和婆婆、妯娌、生育、职场、风俗等搭上关系，让原本普通的育儿经验分享有一个类比的对象，加入了更复杂的表达，张力和爆发力才更强；也可以把父母养育孩子的痛点，如习惯、身高、智商、情商等父母根本无法忽视的事情巧妙融入官方话题或外部爆点。

④视角切换

也许有些博主会说："我家孩子比较普通，家庭成员也无法找到亮点，该怎么办呢？"其实，这是大部分家庭的真实情况。

即使这样，你依然可以做博主。只要让笔记变得有趣、有料，让读者觉得开心就可以。例如，试着用孩子的视角表达成年人的心态、做事方法等，换一个视角就能带来新鲜感，引起读者注意。

（3）注意事项

注意事项就是切忌说教、指责。博主要牢记发布笔记的原则是分享和探讨，有好经验只能从自己的角度表达，真诚说出优点和缺点，不要强加给读者。

5.4　情感生活笔记的写作技巧

"情感"这个话题内容宽泛，这里主要探讨的是有关两性情感的笔记。有些博主喜欢分享恋爱日常，有些博主喜欢分享经营婚姻家庭的看法。应该说，这些内容本质上都是传递两性相处之道。因此，这类笔记有 3 种基调：第一种是甜蜜的爱情，第二种是导师型的见解，第三种是温暖的日常。基调虽各有不同，但技巧和情感的表达并没有太多差别。

（1）重点内容

小红书的用户大部分都是年轻女生，关于恋爱和情感的话题自然备受关注。这类笔记的重点就是表达角度的独特、内容的高度共鸣。我总结了以下 3 种方法。

①利用气场

两性相处本身没有太多区别，但因为每个人的性格脾气各有不同，两个人在一起肯定就有不一样的气场。那么，气场就是博主可以充分利用的点。博主可以从两个人的爱好、日常相处的方式入手，进行略带夸张的表达，让普通的情侣生活变得有看点、有乐趣；或者借用这些特点营造两个人独特的情侣氛围。

②站在别人的角度

有些博主过得很幸福，因而想把经营家庭的想法和经验分享出来。首先，博主要仔细梳理，为什么自己比别人过得好？这些经验中，哪一点可以复制？别人怎样才能对此感兴趣？博主要反思并找到答案，据此做好定位。之后的分享还要尽量展现亲和力、共情力、理解力，就是不要指责、不要高高在上地表达。

③增加代入感

还有一些博主因为老公做饭好吃又好看，或者特别勤快，实在忍不住想要分享。这种日常生活的展现就是要温暖、有趣。用温暖的画面、故事、小细节激发读者的情感，用有趣的语言增加互动，让读者与博主一起感受美好的生活。

（2）技巧解析

写作情感生活的笔记需要遵循 3 个原则：要么治愈，要么解压，要么感动。因为普通人的生活经常是一地鸡毛，读者需要被抚慰、被温暖。

①治愈

就如前文所讲的，普通女性总是面临经营婚姻和家庭的困扰。想要打动她们，最简单的方法就是治愈。这种治愈可以是给予力量、传授经验等，关键是营造博主的与众不同，展现博主过得好的秘诀，表明倾囊相授的意思。方法就是博主要以真实体验做分析、给见解，要说心里话并推己及人，也要像导师一般有权威、有力量地表达，这样就会加倍让人认可。

②解压

所谓解压，就是要抚慰读者的情感。例如，小情侣相处的画面，一起愉快地吃饭、看电影等情节都不错，喜欢看这种故事的读者本身就是为放松心情或单纯地看看。当博主展现爱情的愉悦时，这种甜蜜可以促使读者释放压力。

③感动

在普通人的生活里，"感动"是一个不常出现的词。虽然每个人都会接收到来自家人的关心，但很少会感动。而博主就要把这些看似平常的小举动、小爱意用笔记的方式展现出来，让读者意识到自己一直被温暖着。这样的分享让读者更有代入感，能激发其产生情感共鸣。

（3）注意事项

博主在写作这类笔记时要注意情感真挚、真实而具体地表达，最好以灵动而有趣的心思写内容，切忌做作而傲慢。

5.5 工作职场笔记的写作技巧

工作和职场是与大部分人息息相关的话题，读者多、接收面广、易于传播是这类笔记的优点。但是，要写好这类笔记极为不易，因为要总结一些真正有用的职场经验对每一个人来说都是难事。怎么办呢？我总结了一些窍门。

（1）重点内容

不管职场上需要学习的东西有多少，博主都要先找到核心，再围绕核心打造笔记内容。

①围绕关键词

一般情况下，读者关心的选题都是人际关系、升职、加薪、沟通技巧、效率提升、求职方法、被上级认可、与同事相处等。如果你定位为职场博主，就要把脑子里所有想说的话、各种经验总结全部紧扣到这些关键词上，再来发挥。

②懂得借力

实际上，当你写了一段时间以上话题后就会发现同质化很严重，于是特别苦恼。解决办法就是在某个时段专门推出你特别准备的干货，如在求职季节、考研、考四六级、考教师证的时间节点附近，这样很容易获得超额的回报。在其他时间，你可以多发一些与职场、管理等相关的阅读笔记，或者你对职场的思考等。

（2）技巧拆解

有一些博主因为做过多年的 HR，就很自然地想要分享职场知识，而且大多数都会从怎样求职的角度展开。我认为有以下关键点。

①切入点生动有力

博主要分享职场知识，开篇的故事一定要讲好；否则，干巴巴地讲述让读者看不下去。你可以用前辈、同事、老板的事来讲，再结合自己的专业给予分析、提出见解，让读者看到你的能力水平。

②巧抓职场痛点

在职场上，很多人都有这些痛点：不敢拒绝、被语言霸凌、被迫加班、经常干份外的工作等。那么，写作的角度就要从足够细的落脚点展开，然后博主再用感同身受的态度来剖析，说出专业的看法。

③小众路线

还有一个现象，发布职场内容的博主很多是知名大企业的高管，一般新人总结的经验很难有他们那样深刻。所以，不要去挑战，你要和他们形成差异化，专门走小众路线，讲述他们不讲但读者需要的小知识。

（3）注意事项

第一，博主的写作思路要开阔，不要仅仅盯着某一个点，可以巧妙加入外部的各种话题进行包装升级。

第二，博主要给自己找一个精准又细分的定位，展现形式要结合自己的特点，在所有同类型博主里做到独一无二。例如，给别人修改简历、给别人提供面试建议等。

5.6 美妆时尚笔记的写作技巧

美妆和时尚的话题一向非常受欢迎，但你千万别认为写这类笔记无非就是传授干货而已，事实上没那么简单。在小红书里，美妆和时尚博主数量最多，而且相当一部分博主有优越的背景和出色的个人条件。因此，普通人想做这类博主，困难确实比较大，但也不是没有方法。我认为美妆时尚笔记主要分为3种类型：第一，干货分享；第二，时尚穿搭有妙招；第三，靠外貌赢得认可。也就是说，博主依据个人条件选择一种即可。无论选择了哪种方向，可运用的技巧都是这些。

（1）重点内容

①个性化输出

定位这种类型的博主一定是因为自己会化妆，在穿搭、化妆技巧上有一些心得体会。博主需要尽全力让内容或自己在浩瀚的信息中有辨识度、有明显的差异。例如，博主专门突出自己化妆前后的巨大变化，展现自己的自信和美丽，能给读者一种别样的感染力，也能让其学习到你的高超技术。有一名博主就是如此，她通过标志性的魔性笑声及精湛的化妆技术，成功从很不起眼的女孩变成拥有很多铁杆粉丝的美妆博主。

②经验的巧妙包装

博主可以从自己身上找亮点，以自己为例展现一些对读者有好处的经验，如美白、头发变黑、皮肤变好、瘦肩膀、瘦肚子等。这些内容虽然分享过太多，但内容的性质属于常温习常新鲜，需要经常拿出来给读者强化一下。关键是巧妙换个包装，换个表达技巧，由此更好地引起读者的注意，就有可能成为爆款。

（2）技巧拆解

我在看了很多美妆时尚笔记后，最大的感受是技巧太多，需要因人而异。总体来说，技巧有 5 种。

①案例示范

博主可以将普通人最容易犯的错误集合起来，再逐个正确演示一遍。例如，护肤、护发、围巾的系法等读者最需要的日常内容，因为信息量大、实用性强，收藏、点赞量就会很高。这主要考验封面的制作技巧。

②干货为王

这种笔记以干货讲解细致、保姆式教学、方法好用为原则，如果封面和标题很出彩，又能恰当助推，就很容易火爆起来。

③实用又抓人

有关美妆和时尚这件事，读者既想要实用，又想要学会某种方法能展现自我的独特。那么，博主的笔记最好做到实用又吸引人，要给读者透露这篇笔记能让她有不一样的收获。例如，内容是"学生党的穿搭公式"，但封面人物又不像学生，以此凸显与众不同。

④有针对性

这里的针对性是指博主可以选定某个时段或某个年龄段来写内容，也可以选择自己擅长的内容来写，或者将多种元素融合在一起。例如，"上班族针织衫的创意穿搭""回家过年的 10 种化妆技巧"等。这种方法很聚焦，实用性较强，如果能借力而为，突出亮点，瞬间就能变成爆款。

⑤**强化专业性**

博主可以秉持专业性较强的内容输出角度，如敏感肌、油性皮肤等护肤技巧实操，或者小个子的穿搭窍门等。

（3）**注意事项**

这里的注意事项就是干货要足够多、内容要真诚、实操性要够强，还需要注意标题、封面、风格的有效配合。

5.7 干货分享笔记的写作技巧

在小红书里，干货分享也是一个热门板块。很多博主认为这种笔记一点都不难写，不就是多准备一些有用的干货吗？但等你实操起来，才发现自己精心准备的干货发出去，根本没几个"小眼睛"看，毫无波澜。因为我最初也这样尝试过，但没有成功。后来，我努力学习和总结，才渐渐明白写作干货分享笔记依然有很多技巧。

（1）**重点内容**

干货分享是一个很广泛的领域，这里主要指学习干货、素材分享、技能干货、资源共享、家居技巧、健康养生等。这些笔记的重点就是呈现干货多、信息量大，足够好用。但是，博主写这类笔记往往会遇到很大挫折，他也会有这种感觉，明明别人发了同样的内容成为爆款，自己写的却根本没人看。我通过大量的分析和反思，认为原因就是谁能抓住新的话题点，谁就容易爆。因此，以下两点内容很重要。

①新瓶装旧酒

尽管干货分享类笔记的展现形式千变万化，但选题点都相差不大，主要是将原本早已存在的内容进行新的包装、新的解读，而且能够很好地切中用户现阶段的审美和需求，这样就容易爆。

例如，"信息差"是 2022 年第二季度小红书上热度较高的一个词，只要写有信息差的干货，无论你怎么做，封面和标题都会相对雷同。那么，你就从其他角度切入，写护肤信息差、穿搭信息差、读书信息差等，这样就是一个新的选题点。

②视觉冲击

有很多博主准备了密集的信息干货，在这种情况下就要选择视觉冲击，即用恰当、有冲击力的展现方式瞬间抓住读者的目光。应该说，干货笔记想成为爆款，往往是展现形式比内容更重要。

总之，要想吸引更多粉丝关注，关键还是内容要足够优质。如果内容比较敷衍，读者只会点赞，却不会关注。

（2）技巧拆解

主打信息量的笔记只要能够持续获得平台算法的推荐，就能成为爆款。因为没有人能拒绝有用的干货，不管当前是否需要，先收藏起来，以后慢慢看。那么，写作的核心就是既要让笔记不被淹没，还要特别出彩，以此引导读者评论和点赞。只有增加笔记的权重，才能不断获得流量。

那么，让笔记切中读者的痛点，引导他们点击非常重要。

博主可以从以下角度着手。

①暗藏信息量

刻意营造封面与标题的亮点，暗藏大量有效的信息，激发读者不得不点击。

②形成紧迫感

以时间的紧迫感暗示读者，这里有非常好的干货，过这个时间就没用了。

③制造焦虑

给读者制造焦虑，用语言戳中他们内心隐藏的痛点并附带一些解决方法，他们自然就会想看。

④需求量大

博主可以选择接受面广、需求量很大的干货类型，如搜索技巧、运营实操、剪辑学习、读书资料等，这种类型就需要在封面上多下功夫。

（3）注意事项

第一，排版要整齐清晰，干货要真实有效，不能发布虚假信息。

第二，干货内容要做到多样化、区别化，即使写相同的选题点，内容也要与别人不一样。

5.8 营销推广笔记的写作技巧

准确地说，小红书的营销推广笔记一般有三种。第一种是品牌在小红书做推广，直接提供封面和文案让博主发布即可。第二种是博主接到广告，有使用产品的真实体验之后写出符合品牌要求的笔记。第三种是博主给自己的产品做推广营销写的文案。三种笔记各有各的重点，这里讲述后面两种。

（1）重点内容

①创意的定制

博主与品牌合作发广告，最重要的就是创意的定制。首先，品牌方会发一份任务简介给博主，博主根据这份任务简介与品牌方沟通文案的切入角度，最好详细到浏览量、点赞与收藏量都有明确的数据指标。然后，博主结合自己的日常风格和定位开展创作。文案不能过于理想或虚假，品牌方一般喜欢直接有效、简单有力的表达。

②注重节奏

博主写自己的推广笔记，说起来并不复杂，因为次数不限制，内容可以设计成一整套体系，循序渐进地展现。写作时，博主要抓住节奏，做到有的放矢，或侧重某一点来写。这种方法的好处就是能够借势或借力推出自己的文案，缺点是容易让平台和粉丝认为广告太多。因此，推广要软一些，不要太硬，内容必须有足够的干货。

（2）技巧拆解

①合作双赢

给品牌写广告文案，最重要的是博主愿意让这次推广产生多大的效应。如果价格符合预期，博主可以多花点时间，把推广文案写得完全不像推广，读者看完了也非常有收获，实现品牌和读者的双赢。一般来说，拥有百万以上粉丝量的博主都是使用这样的操作手法。

②量体裁衣

对于"腰部博主"来说，与品牌方的合作没有那么紧密，互相都在摸索中。这时，博主需要多衡量品牌产品的价值性、实用性，对读者的影响程度怎样，再决定写作方向。

③抓住窍门

博主给自己写推广文案时，首先要在小红书做调研，寻找同类型博主的笔记，通过比较找到一些窍门；同时，还要根据推广关键词进行分析和判断，考量最优的切入角度。

其实，无论哪种营销推广笔记，主要的技巧就是前面展开大量的铺垫，将情绪渲染到位，在读者欲罢不能时顺势推出产品。重点就是前面的铺垫要么很专业，要么重情绪，要么刷新认知。

（3）注意事项

第一，如果抓不到痛点，不管内容多好，读者根本就不会点开。

第二，如果轻飘飘地写产品有多好，也无法打动读者，真实的体验更重要。

5.9　心灵感悟笔记的写作技巧

或许有人觉得心灵感悟笔记在小红书并不多见，实际上这类笔记不容小觑，它看似普通，没有高深的概念，却是很多博主用来增粉、塑造个人魅力、提升黏性的一种好途径。在小红书的笔记灵感里经常有这类话题。例如，记录当下的每一秒、日常碎片、爱上工作的瞬间、近日幸福来源等，这些就是心灵感悟。再具体一些，这类笔记就是关于心理、情绪、态度、观点、生活方式的表达。

（1）重点内容

我们要明确一点，写作心灵感悟笔记不是单纯抒发情感，而是展现博主的深刻思想、有见解的观点、敏锐地洞察，给予读者全新的、有意义的启发。

①借助热点

心灵感悟笔记最好借助热点，尤其是讨论情绪关键词，如焦虑、内耗、自卑、抑郁、内向、孤独、社恐等，有热点配合才更容易激发读者产生共鸣。而且，博主要从细腻的角度和细节抓住读者的目光，接着展现自我的巨大改变，并说出具体的方法。

除了负面的词，正面的词如善良、积极、温暖、感恩等也可以。虽然写的人不多，但正因为少，你写出来面临的竞争也小，在某个特殊的时期发布，自然就有可能爆发。

②选题大，落点小

每个人面对人生选择都有许多困惑，博主可以谈论与人生大事相关的内容。例如，活着的意义、生命的价值、要不要结婚生子、女人应该怎样活等都是不错的话题。前提是落脚点要细、要真。意思就是虽然讨论的概念大，但着手的内容焦点与读者息息相关，真实又无法回避，体现出深刻有力。

（2）技巧拆解

①场景式融入

有一个写心灵感悟笔记的简单办法，就是当你产生某种感悟时，先聚焦一个词，并根据这个词思考前因后果或对比查找，以此设想一个个场景，把自己放在场景中开展描述。这样读者也会和你一起进入场景，跟着你鲜活的讲述而感受、反思，最终认可你的观点。

②巧妙置换

坦白地说，即使博主的感悟很深刻，但如果展现方式太平淡，读者也不想看。因此，博主要学会巧妙置换。例如，某天你产生了一个想法"平淡的生活很珍贵"，这看似没什么特别。那么，你横向思考，"平淡"的反义表达可以是"轰轰烈烈""让别人羡慕"，再结合新媒体的表达习惯可以这样写标题："怎样才能过上让别人羡慕的生活？"其中的内容说："其实每个人现在的生活就很不错，无病无灾，平平淡淡多好！"经过这样一个转弯，普通的感悟立即显得很深刻。

同时，这类笔记往往对封面的要求较高，一定要呈现出有诱惑、有亮点、有故事的内容张力，才能吸引读者的注意。

（3）注意事项

第一，给读者提供的方法不能太复杂，否则读者会感到不耐烦；一定要总结得越简单越好，读者"用 3 个技巧""看 5 本书"就可以做到是最好的。

第二，如果博主要用这种笔记增粉，最好放弃人云亦云，要用真诚、独特的经验分享打动读者。例如，人人都在讨论要走出低谷，也许你的感受是在低谷积蓄能量，之后才能反弹。

5.10 创作爆款笔记的 3 个禁忌

小红书的每一篇笔记看似简单，但实际上更考验博主的创作能力。除了文章的基本要素以外，还要在 1 000 字的篇幅中展现足够多的信息，或者吸引人的内容。那么，博主要想写出爆款笔记，以下 3 个禁忌不能踩。

（1）忌表达敷衍

任何一种写作都忌讳糊弄和随便，博主要真诚、真心地输出自己的内容，写出真实的体验。哪怕文字很简单，读者依然能感受到博主的态度，他们会认为这样的笔记价值高，值得认可。同时，博主还要精心梳理内容，做到逻辑清晰，让读者一目了然地接收到信息。

要知道，读者对任何一种敷衍都很敏感。例如，封面不够用心，讲述内容在关键时刻不讲明白，以为留下悬念读者才会继续看。这种行为不仅让笔记减分，也让读者很生气，当然就不可能获得很多流量。

（2）忌过分夸张

文案总是要夸张一点，很多人都有这样的想法。没错，自媒体写作确实不那么严谨，有些适当的夸大，但不能过分夸张。所谓过分夸张就是标题十分惹眼，但内容的水分很大，感觉名不符实。例如，有人写"普通女孩靠写作买房，分享这几个经验"，等读者点进来却发现并不是这样。

想要避免过分夸张，如果用利益点吸引读者，表达就要柔和一点，不要太过离奇；如果用情绪爆点作为目光抓手，博主就要贴心、细心一些，让读者感受到你的善意。

（3）忌自说自话

据我了解，有很多人把小红书当朋友圈一样经营。如果你真正想做一名博主，就不能这样，否则永远没有起色。具体表现在以下两个方面：一是图片很美好，但封面和标题太温吞，对读者没有丝毫吸引力；二是分享的内容只从私人的角度出发，不会抓痛点。例如，有些博主分享一本书，就简单写这本书有多好，那为什么不把书的优点与大众的痛点结合起来呢？博主要多思考，换个角度总能找到更好的表达方法。

5.11　创作爆款笔记的 2 个捷径

如果你问创作爆款笔记有捷径吗？我想说，在小红书里还真有一些捷径，前提是你要有扎实的写作基本功，懂得举一反三地运用技巧，能不断改进和完善；否则即使有再多的捷径，你也很难做出好成绩。这里就总结几个，其根本还是要靠博主的灵活运用。

5.11.1 小红书的名词红利

如果你使用小红书的时间很长，稍微多留心就能发现很多爆款笔记的标题或内容中有些词语一模一样。例如，狠狠提升、惊艳所有人、我不允许你不知道……这些词在职场类笔记中出现过，在美妆类笔记中依然出现过。

我把这些词称为小红书的名词红利，即不管什么选题、什么类型的笔记用了这些词，相对而言都有更大的可能性爆发。表 5-1 是我总结的小红书名词红利，当你用小红书多了，也可以自己总结一些。

表 5-1　小红书名词红利示例

小红书名词红利			
惊艳	真相	好物	干货
踩坑	避坑	闺蜜	同学
焦虑	神仙	隐藏	神器
安利	指南	同款	内幕
骂醒	挑战	99%	太香了
省钱	攻略	私藏	感谢
抄作业	太绝了	保姆式	看傻了
学霸	逆袭	免费公开	家人们
全在这里	吐血整理	真心建议	一定要注意
超强福利	万万没想到	忍不住分享	薅羊毛
一开口就赢了	请大数据推给	人才啊	狠狠提升
这几件事一定要做	不懂就问	算是玩明白了	被问烦了
好处你一定要知道	无比震惊	为什么	我好羡慕

（续表）

小红书名词红利			
我不允许你不知道	刷到这条视频	不要把生命献给	有手就行
可以更豪一点	我又挖到宝了	拜托，一定要试	脱胎换骨
破防了	原来网友给的	废掉一个人	谁会不想
×× 都沉默了	×× 也值得	×× 立马删除	×× 血泪教训
幸好在 ×× 之前	真的太 ×× 了	×× 真让人心疼	唯一的 ××
从没见过 ××	太太太 ××	×× 天花板	×× 个错误
×× 终于有救了	千万别 ××	立省 ×× 元	×× 前 VS ×× 后
×× 不会告诉你的	因为 ××，我 ×× 了	被 ×× 耽误	以前都白 ××
新手 / 小白 / ×× 必看	发现 ×× 秘密	×× 分钟有效	太省 ×× 了

5.11.2　优质文案的四象限法则

2020 年 11 月 30 日，全球知名消费者洞察和策略咨询公司凯度（KANTAR）发布研究报告称小红书为"中国市场广告价值最高的数字媒介平台"。同样，因为小红书的流量去中心化，以及坚定的内容社区为核心这个定位，很多普通博主能够在这里脱颖而出，不必像在其他平台那样因为辛苦做出来的内容没有流量而苦恼。

我们不难看出，小红书对新手自媒体人来说是很友好的一个平台。在这里做博主，竞争对手不是别人，而是自己，是你要有持续稳定的输出能力、出众的写作水平。

那么，要写出精彩亮眼的笔记，我总结了优质文案的四象限法则，就是把文案分为开头、结尾、口号、亮点 4 个板块，如图 5-1 所示。

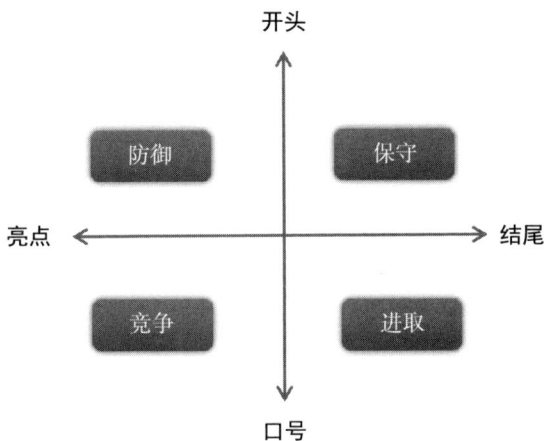

图 5-1　优质文案的四象限法则

从图 5-1 能看出，写好开头和结尾并不能让文案非常突出，这只是相对保守的一种技巧。设置一个口号，有一定的亮点，才能让文案具有竞争和防御优势。应该说，怎样写好一篇文案的开头和结尾，当然有非常多的方法，这里只讲几种更适合小红书的写法。

（1）**开头的写法**

开头最重要的作用就是引导读者产生好奇心，愿意看下去。而好的开头既要实现引导的功能，还要为后面的内容和中心思想设置伏笔，在读者心中先铺垫好感，让文字的效力成倍增加。

①*提问式开头*

学会提问，才能更好地掌握主动权，在写作中也是如此。当你用提问式开头写作时，就能引导读者开启思考，让其对答案产生好奇，从而一直看下去，最后实现点赞认可。例如，博主可以问"为什么钱越多，人越不快乐""为什么单身会被很多人看作另类"等带有一定社会性和争议的问题。

这里的提问可以借用别人的问题，也可以是自己的反思等。核心原则就是要问到读者的心里，明确问出他们心中那些似是而非的生活中的痛点话题，瞬间引起其注意。

这种开头有一个非常大的好处，就是显得博主的认知比较高、思考能力强、见解独特，从而在读者眼里被动增加好感和分数。当然，要注意的是不能问那种一看就明白答案、显得很低级的问题。

②经验分享式开头

在小红书上，有很多博主会用自己的经验作为开头和标题，让内容显得更真诚、更可信，从而完成"种草"。准确地说，这种写法也是通用的万能写法，不限于母婴育儿、美妆穿搭、学习干货等，就是任何一种类型的笔记都可以运用，只要你的经验有一定的参考价值就可以写。

需要注意的是，经验分享要简练清晰、逻辑流畅、总结痛点，给予读者可借鉴和参考的意义。例如，你可以写"去年我花2万元学运营踩的坑，希望你不要再踩""大学毕业3年了，我终于找到敏感肌肤的秘密"，这些带着总结性质的开头说完之后，就要详细讲解过程，分享具体的内容，给读者获得感。

③反认知式开头

顾名思义，反认知式开头就是笔记的开头要超出一般人的常识，给人新鲜、独特的认知。这种开头就是以博主的思考和独特见解彰显内容的与众不同，那么后面就要紧跟分析，说出原因和理由。

当博主先把读者的心门打开之后，再娓娓道来后面的观点或内容，这样说服力会更强。这种技巧的运用难度有点大，切入角度要非常细微、有新意。例如，博主可以问："为什么很多人 30 岁一事无成，却活得很潇洒？"

④自我肯定式开头

所谓自我肯定式开头，就是博主先"亮剑"，明确表达自己在这方面的优势，或者有丰富的经验，分享的内容对读者而言有哪些具体的好处。其目的是唤起读者的阅读欲望，让其产生共情，跟着博主的思路一起走，并最终因为前面的铺垫和内容的呼应而收获价值。例如，"二本生拿到知名大厂 offer，我真的发现 ×× 就是捷径。"

这里的关键点是开头给予了读者期待，那么接下来的重点内容就要符合预期。当然，博主也可以表达自己被什么打开了眼界和格局，收获很大，因此想要分享出来。

（2）结尾的写法

关于结尾，我认为它和开头不一样，重点是要引发读者点赞和收藏，让读者关注，进而点击博主的主页；博主也可以在结尾介绍自己的经历，以吸引同频的人。

①情绪式结尾

情绪词放在结尾，好处有很多。博主可以用呼喊的语气告诉读者，跟着自己一起行动，马上就能得到改变。这种呼吁不用太直接，意思表达到位即可。博主也可以发出感叹，用于表达情绪，引发读者共情。

②总结式结尾

总结式结尾就是博主对内容和经验进行提炼总结，放在结尾，形成很好的强化作用，让读者收获满满。这种结尾一般需要精炼而简单、突出重点，就是把干货整体打包，做到逻辑清晰，深度感染读者，才能带动他们积极地点赞、收藏。

③感悟式结尾

感悟式结尾能够轻易激发读者内心的冲动。当博主用感慨的语气帮助读者说出心里话时，他们就会连连称赞博主的观点，接着收藏和关注。需要注意的是感悟出来的观点要能激发人心，有治愈或温暖的力量。

这种结尾一般要给出亮眼的金句，起到强烈的总结、肯定作用。通过深刻有力、精炼简洁的金句直入读者的内心深处，他们会更加认可内容。

④悬念式结尾

在结尾设置悬念是为了让读者继续看其他笔记。但是，需要表达的已经表达清楚，并做到前后连贯、干货十足，否则会让人反感。博主可以用在一个系列的笔记里，也可以用在认知与知识类笔记里。

（3）口号的重要性及写法

要想给予读者深刻的记忆，博主最好给自己设计一个口号。

例如，房琪的口号是"我叫房琪不放弃"，很精炼，也很有内涵；娱乐搞笑博主"奥黛丽厚本"的口号是"厚本勇敢飞，厚颜无耻永相随"，她用这种带着自嘲的口号做到独一无二，完美出圈；我的口号是"我是梁小小，带你开启小而美的自媒体写作"。关于个人形象的口号需要做到独特、有记忆点，就是用一句话写出博主的优势、需要刻意强化的内容等信息。虽然想表达的重点有很多，但一定要学会取舍。

同时，每一篇笔记都要有激励人心的口号，字数精简，语言有力。很多百万粉丝博主的内容中总会有响亮的口号，如"跟我一起写作变现""成为学霸的秘诀只给你""只用 7 天成为化妆高手"，这些口号在内容中被多次强调，会不断加深读者的印象，让他们以为这是独一份的，而且带着激励、呼唤的感觉。

内容中的口号可以放在开头、结尾、中间等任意位置，只要起到强化、鼓励的作用就好。当然，这里的口号不一定每次都变换，博主可以灵活运用。

关于口号的写法，我简单总结了以下 2 点。

①*个人形象的口号：名字 + 标签*

博主可以根据自己的名字，加上最亮眼的标签，组合成一个朗朗上口又悦耳的口号，关键要有个人气质及独特的含义。

②*内容的口号：情绪 + 强化*

笔记的口号一般要视具体情况而定，最简单的就是总结提炼内容，提取情绪词和强化内容，写一句准确生动、独一无二的概括语句。

（4）亮点的设置

其实，一篇爆款笔记的亮点由多种因素组成，很难判断具体是哪一项让文案爆发起来。但是，博主必须让文案独具一格，有明确的辨识度。这些亮点可以是博主独特的个人经历或形象、独有的封面设计、有吸引力的标题、亮眼的金句，也可以是让人欲罢不能的情绪词，刻意的对比或隐藏等不一而足。

我最初做小红书时写过一篇笔记，标题是"醒醒吧，这样投稿，稿子再好也没人要"。封面就是截取的几段稿费交税记录的图片，而且金额都比较高，再搭配标题上的情绪、恐惧诉求，非常能吸引读者的目光。因此，我的这篇笔记发布半年以后还一直有流量，持续被点赞、被评论。这篇笔记发布之初，我的账号只有 1 000 个粉丝。这篇笔记发布后获得 3 000 多点赞、4 000 多收藏，账号直接新增 3 000 多个粉丝。

我当时是这样思考的，写作者投稿肯定最看重稿费，那么放上稿费截图就非常合适。标题里面的情绪也是我的真实想法。

在写作过程中，博主可以假想自己就是这篇笔记的读者，面对这个选题，你最想看见的内容是什么，有哪些要素才会更有吸引力，由此来设计笔记的亮点。

总之，亮点是一篇笔记的精华所在，承担被打开、被认可的核心作用，应该与开头、结尾和封面标题搭配运用，才能达到最佳效果。